Acl Eino 09
3€

KU-632-823

Vacas, cerdos, guerras y brujas

Los enigmas de la cultura

Ciencias sociales

Marvin Harris

Vacas, cerdos, guerras y brujas

Los enigmas de la cultura

El libro de bolsillo
Antropología
Alianza Editorial

Título original: *Cows, Pigs, Wars and Witches: The Riddles of Culture*. Publicado por acuerdo de Random House, Inc.

Traducción: Juan Oliver Sánchez Fernández

Primera edición en «El libro de bolsillo»: 1980
Decimoctava reimpresión: 1997
Primera edición en «Área de conocimiento: Ciencias Sociales»: 1998
Undécima reimpresión: 2007

Diseño de cubierta: Alianza Editorial
Ilustración de cubierta: Fotografía Álvaro de Leiva / Anaya

Reservados todos los derechos. El contenido de esta obra está protegido por la Ley, que establece penas de prisión y/o multas, además de las correspondientes indemnizaciones por daños y perjuicios, para quienes reprodujeren, plagiaren, distribuyeren o comunicaren públicamente, en todo o en parte, una obra literaria, artística o científica, o su transformación, interpretación o ejecución artística fijada en cualquier tipo de soporte o comunicada a través de cualquier medio, sin la preceptiva autorización.

© Susan Harris
© Ed. cast.: Alianza Editorial, S. A., Madrid, 1980, 1981, 1982, 1983, 1984, 1985, 1986, 1987, 1988, 1989, 1990, 1991, 1992, 1993, 1994, 1995, 1996, 1997, 1998, 1999, 2000, 2001, 2002, 2003, 2004, 2005, 2006, 2007
Calle Juan Ignacio Luca de Tena, 15; 28027 Madrid; teléf. 91 393 88 88
www.alianzaeditorial.es
ISBN: 978-84-206-3963-5
Depósito legal: M. 39.432-2007
Impreso en Fernández Ciudad, S. L.
Printed in Spain

SI QUIERE RECIBIR INFORMACIÓN PERIÓDICA SOBRE LAS NOVEDADES DE
ALIANZA EDITORIAL, ENVÍE UN CORREO ELECTRÓNICO A LA DIRECCIÓN:

alianzaeditorial@anaya.es

Prefacio

Había acabado precisamente de intentar convencer a una clase de estudiantes de que existía una explicación racional del tabú hindú sobre el sacrificio de las vacas. Estaba seguro de haber salido al paso de todas las objeciones imaginables. Rebosante de confianza, pregunté si alguien quería formular alguna pregunta. Un joven agitado levantó su mano. «Pero, ¿qué opina del tabú judío sobre la carne de cerdo?»

Unos meses más tarde emprendí una investigación que pretendía explicar por qué los judíos y musulmanes aborrecen la carne de cerdo. Tardé cerca de un año antes de disponerme a poner a prueba mis ideas ante un grupo de colegas. Tan pronto como dejé de hablar, un amigo mío, experto en los indios de Sudamérica, dijo: «Pero, ¿qué opina del tabú de los tapirapé sobre la carne de venado?»

Y lo mismo sucedió con cada uno de los enigmas para los que he intentado encontrar una explicación práctica. Tan pronto como acabo de explicar un estilo de vida o una costumbre previamente inescrutable, alguien contraataca con otra:

–Bien, quizás esto vale para el *potlatch* entre los kwakiutl, pero, ¿cómo explica la guerra entre los yanomamo?

–Creo que puede existir un déficit de proteínas…

–Pero, ¿qué opina de los cultos *cargo* en las Nuevas Hébridas?

Las explicaciones de los estilos de vida son como las patatas fritas. La gente insiste en comérselas hasta acabar con toda la bolsa.

Ésta es una de las razones por las que este libro pasa de un tema a otro. Desde la India hasta el Amazonas, y desde Jesús hasta Carlos Castaneda. Pero persisten algunas diferencias en comparación con la bolsa ordinaria de patatas fritas. En primer lugar, aconsejo no arrancar el primer pedazo que se os antoje. Mi explicación de las brujas depende de la explicación de los mesías, y ésta de la explicación de los «grandes hombres», que a su vez depende de la explicación del sexismo, la cual depende de la explicación del amor a los cerdos, que depende de la explicación del aborrecimiento de los cerdos, que a su vez depende de la explicación del amor a las vacas. No se trata de que el mundo empezara con el amor a las vacas, sino que en mi propio intento por comprender las causas de los estilos de vida, es por lo que he empezado... Así que, por favor, no tratéis de coger al azar.

Es importante que los capítulos de este libro se consideren como fundados unos en otros y con un efecto acumulativo. De lo contrario, no tendré ninguna defensa contra la paliza que seguramente querrán propinarme los expertos en una docena de campos y disciplinas. Respeto a los expertos y quiero aprender de ellos. Pero, pueden ser tanto un estorbo como una ventaja si hay que depender de varios de ellos a la vez. ¿Habéis intentado alguna vez preguntar a un especialista en hinduismo sobre el amor a los cerdos en Nueva Guinea, o a una autoridad en Nueva Guinea sobre el aborrecimiento de los cerdos entre los judíos, o a un experto en judaísmo sobre los mesías en Nueva Guinea? (Es propio de la bestia ansiar una sola patata frita para toda su vida.)

Mi justificación para aventurarme a través de disciplinas, continentes y siglos es que el mundo se extiende a través de disciplinas, continentes y siglos. Nada hay en la naturaleza tan completamente diferente como dos conjuntos de juicios de expertos.

Respeto la obra de los estudiosos individuales que amplían y perfeccionan pacientemente sus conocimientos de un solo siglo, tribu o personalidad, pero pienso que estos esfuerzos deben ser más sensibles a los problemas de ámbito general y comparativo. La incapacidad manifiesta de nuestro superespecializado *establishment* científico para decir algo coherente sobre las causas de los estilos de vida no tiene su origen en ninguna anarquía intrínseca de los fenómenos de los estilos de vida. Más bien creo que es el resultado de otorgar recompensas como premio a especialistas que nunca amenazan un hecho con una teoría. Una relación proporcional como la que existe desde hace algún tiempo entre la magnitud de la investigación social y la profundidad de la confusión social sólo puede significar una cosa: la función social global de toda esa investigación es impedir que la gente comprenda las causas de su vida social.

Las autoridades del *establishment* del saber insisten en que este estado de confusión se debe a una falta de estudios. Pronto se celebrará un seminario en el cielo basado en diez mil nuevos viajes de campo. Pero sabremos menos, no más, si estos estudios se hacen con la suya. Sin una estrategia que pretenda llenar el vacío entre las especialidades y organizar los conocimientos existentes siguiendo líneas teóricamente coherentes, la investigación adicional no conducirá a una mejor comprensión de las causas de los estilos de vida. Si buscamos realmente explicaciones causales, debemos tener al menos alguna idea aproximada de a dónde mirar entre los hechos potencialmente inagotables de la naturaleza y la cultura. Espero que algún día se descubrirá que mi propia obra ha contribuido al desarrollo de esta estrategia, mostrando a dónde mirar.

Prólogo

Este libro trata de las causas de estilos de vida aparentemente irracionales e inexplicables. Algunas de estas costumbres enigmáticas aparecen entre pueblos sin escritura o «primitivos»: por ejemplo, los jactanciosos jefes amerindios que queman sus bienes para mostrar cuan ricos son. Otras pertenecen a sociedades en vías de desarrollo, entre las cuales mi tema predilecto es el de los hindúes que rehúsan comer carne de vaca aun cuando se estén muriendo de hambre. Sin embargo, otras aluden a mesías y brujas que forman parte de la corriente principal de nuestra propia civilización. Para confirmar mi punto de vista, he elegido deliberadamente casos raros y controvertidos que parecen enigmas insolubles.

Nuestra época afirma ser víctima de una sobredosis de intelecto. Con un espíritu vengativo, los estudiosos trabajan afanosamente en intentar mostrar que la ciencia y la razón no pueden explicar variaciones en los estilos de vida humanos. Y así se ha puesto de moda insistir en que los enigmas examinados en los capítulos que siguen no tienen ninguna solución. Quien preparó el terreno para gran parte de este pensamiento actual sobre los enigmas de los estilos de vida fue Ruth Benedict con su libro *Patterns of Culture*. Para explicar las sorprendentes diferencias entre las culturas de los kwakiutl, los dobuanos y los zuñi, Benedict recurrió a un mito que atribuyó a los indios digger. El mito decía: «Dios otorgó a cada pueblo una taza, una taza de arcilla, y de esta taza bebieron su vida... Todos hundían las tazas en el agua, pero cada taza era diferente.» Desde entonces esto ha significado para mucha gente que sólo Dios sabe por qué los kwakiutl queman sus casas, por qué los hindúes se abstienen de comer carne de vaca, o los judíos y musulmanes aborrecen la carne de cerdo, o por qué algunas gentes creen en mesías mientras otras creen en brujas. El efecto práctico a largo plazo de esta sugerencia ha sido desalentar la búsqueda de otro tipo de explicaciones. Pero una cosa está clara: si pensamos que un enigma no tiene una respuesta, nunca la encontraremos.

Para explicar pautas culturales diferentes tenemos que empezar suponiendo que la vida humana no es simplemente azarosa o caprichosa. Sin este supuesto, pronto se vuelve irresistible la tentación de renunciar a la tarea cuando afrontamos una costumbre o una institución que persiste en su carácter inescrutable. Con los años he descubierto que los estilos de vida que otros consideraban como totalmente inescrutables tenían en realidad causas definidas y fácilmente inteligibles. La principal razón por la que se han pasado por alto estas causas durante tanto tiempo es la de que todo el mundo está convencido de que «sólo Dios conoce la respuesta».

Otra razón por la que muchas costumbres e instituciones parecen tan misteriosas estriba en que se nos ha enseñado a valorar explicaciones «espiritualizadas» de los fenómenos culturales en vez de explicaciones materiales de tipo práctico. Sostengo que la solución de cada uno de los enigmas examinados en este libro radica en una mejor comprensión de las circunstancias prácticas. Y mostraré que un estudio más minucioso de las creencias y prácticas que parecen más ra-

ras revela que éstas se hallan fundadas en condiciones, necesidades y actividades ordinarias, triviales, podríamos decir «vulgares». Entiendo por solución trivial o vulgar la que se apoya en tierra y está integrada por tripas, sexo, energía, viento, lluvia y otros fenómenos palpables y ordinarios.

Esto no significa que las soluciones que vamos a presentar sean en cierto sentido simples o evidentes. Ni mucho menos. La identificación de los factores materiales pertinentes en los acontecimientos humanos es siempre una tarea difícil. La vida práctica utiliza muchos disfraces. Cada estilo de vida se halla arropado en mitos y leyendas que prestan atención a condiciones sobrenaturales o poco prácticas. Estos arropamientos confieren a la gente una identidad social y un sentido de finalidad social, pero ocultan las verdades desnudas de la vida social. Los engaños sobre las causas mundanas de la cultura pesan sobre la conciencia ordinaria como láminas de plomo. Nunca es una tarea fácil evitar, penetrar o levantar esta carga opresora.

En una época ávida por experimentar estados de conciencia alterados, fuera de lo corriente, tendemos a pasar por alto hasta qué punto nuestro estado mental ordinario es ya una conciencia profundamente mistificada –una conciencia aislada de un modo sorprendente de los hechos prácticos de la vida–. ¿A qué obedece esto?

En primer lugar a la ignorancia. La mayor parte de la gente sólo es consciente de una pequeña parte de la diversidad de alternativas en los estilos de vida. Si queremos pasar del mito y la leyenda a la conciencia madura, tenemos que comparar toda la variedad de culturas pasadas y presentes. En segundo lugar al miedo. Ante sucesos como el envejecimiento y la muerte, la conciencia falsa puede ser la única defensa eficaz. Y finalmente al conflicto. En la vida social ordinaria algunas personas siempre controlan o explotan a otras. Estas desigualdades se presentan tan disfrazadas, mistificadas y falseadas como la vejez y la muerte.

La ignorancia, el miedo y el conflicto son los elementos básicos de la conciencia cotidiana. El arte y la política elaboran con estos elementos una construcción onírica colectiva cuya función es impedir que la gente comprenda que es su vida social. Por consiguiente, la conciencia cotidiana no puede explicarse a sí misma. Su misma existencia depende de una capacidad desarrollada de negar los hechos que explican su existencia. No esperamos que los soñadores expliquen sus sueños; tampoco debemos, pues, esperar que los participantes en los estilos de vida expliquen sus estilos de vida.

Algunos antropólogos e historiadores adoptan el punto de vista opuesto. Argumentan que la explicación de los propios protagonistas constituye una realidad irreductible. Nos advierten que no debemos tratar jamás la conciencia humana como un «objeto», y que el marco científico adecuado para el estudio de la física o de la química no es pertinente para el estudio de los estilos de vida. Algunos profetas de la moderna «contracultura» sostienen incluso que la excesiva «objetivación» es responsable de las injusticias y desastres de la historia reciente. Uno de ellos afirma que la conciencia objetiva siempre conduce a una pérdida de «sensibilidad moral», equiparando así la búsqueda del conocimiento científico con el pecado original.

Nada sería más absurdo. El hambre, la guerra, el sexismo, la tortura y la explotación han estado presentes durante toda la historia y la prehistoria, mucho antes de que alguien lanzara la idea de intentar «objetivar» los acontecimientos humanos.

Algunas personas, desilusionadas con los efectos secundarios de la tecnología avanzada, piensan que la ciencia es «el estilo de vida dominante en nuestra sociedad». Puede que esta afirmación valga para nuestros conocimientos de la naturaleza, pero se equivoca totalmente respecto a nuestros conocimientos de la cultura. Por lo que se refiere a los estilos de vida, el conocimiento no puede ser el pecado original, puesto que todavía permanecemos en nuestro estado original de ignorancia.

Pero permitidme posponer la discusión más extensa de las pretensiones de la contracultura hasta el último capítulo. Permitidme mostrar primero cómo se puede dar una explicación científica de importantes enigmas de los estilos de vida. Poco ganaremos argumentando sobre teorías que no están fundadas en hechos y contextos específicos. Sólo pido un favor: tened presente que, al igual que cualquier científico, espero presentar soluciones probables y razonables, no certeras. Sin embargo, por imperfectas que puedan ser, las soluciones probables deben tener prioridad sobre esa inexistencia de soluciones que vemos en el mito de los indios digger de Benedict. Como cualquier científico, acojo con satisfacción las explicaciones alternativas, siempre que cumplan mejor los requisitos de la demostración científica y en la medida que expliquen tanto. Pero empecemos con los enigmas.

La madre vaca

Siempre que se discute acerca de la influencia de los factores prácticos y mundanos en los estilos de vida, estoy seguro de que alguien dirá: «¿Pero, qué opina de todas esas vacas que los campesinos hambrientos de la India rehúsan comer?» La imagen de un agricultor harapiento que se muere de hambre junto a una gran vaca gorda transmite un tranquilizador sentido de misterio a los observadores occidentales. En innumerables alusiones eruditas y populares, confirma nuestra convicción más profunda sobre cómo la gente con mentalidad oriental inescrutable debe actuar. Es alentador saber –algo así como «siempre habrá una Inglaterra»– que en la India los valores espirituales son más apreciados que la vida misma. Y al mismo tiempo nos produce tristeza. ¿Cómo podemos esperar comprender alguna vez a gente tan diferente de nosotros mismos? La idea de que pudiera haber una explicación práctica del amor hindú a las vacas resulta más desconcertante para los occidentales que para los propios hindúes. La vaca sagrada –¿de qué otra manera puedo expresarlo?– es una de nuestras vacas sagradas favoritas.

Los hindúes veneran a las vacas porque son el símbolo de todo lo que está vivo. Al igual que María es para los cristianos la madre de Dios, la vaca es para los hindúes la madre de la vida. Así, no hay mayor sacrilegio para un hindú que matar una vaca. Ni siquiera el homicidio tiene ese significado simbólico de profanación indecible que evoca el sacrificio de las vacas.

Según muchos expertos, el culto a las vacas es la causa número uno de la pobreza y el hambre en la India. Algunos agrónomos formados en Occidente dicen que el tabú contra el sacrificio de las vacas permite que vivan cien millones de animales «inútiles». Afirman que el culto a las vacas merma la eficiencia de la agricultura, porque los animales inútiles no aportan ni leche ni carne, a la vez que compiten por las tierras cultivadas y los artículos alimenticios con animales útiles y seres humanos hambrientos. Un estudio patrocinado por la Fundación Ford concluía que se podía estimar que posiblemente sobraba la mitad del ganado vacuno en relación con el aprovisionamiento de alimentos. Y un economista de la Universidad de Pensilvania declaraba en 1971 que la India tenía treinta millones de vacas improductivas.

Parece que sobran enormes cantidades de animales inútiles y antieconómicos, y que esta situación es una consecuencia directa de las irracionales doctrinas hindúes. Los turistas en su recorrido por Delhi, Calcuta, Madrás, Bombay y otras ciudades de la India se asombran de las libertades de que goza el ganado vacuno extraviado. Los animales deambulan por las calles, comen fuera de los establos en el mercado, irrumpen en los jardines públicos, defecan en las aceras, y provocan atascos de tráfico al detenerse a rumiar en medio de cruces concurridos. En el campo, el ganado vacuno se congrega en los arcenes de cualquier carretera y pasa la mayor parte de su tiempo deambulando despacio a lo largo de las vías del ferrocarril.

El amor a las vacas afecta a la vida de muchas maneras. Los funcionarios del gobierno mantienen asilos para vacas en los que los propietarios pueden alojar sus animales secos y decrépitos sin gasto alguno. En Madrás, la policía reúne el ganado extraviado que está enfermo y lo cuida hasta que recupera la salud, permitiéndole pastar en pequeños campos adyacentes a la estación de ferrocarril. Los agricultores consideran a sus vacas como miembros de la familia, las adornan con guirnaldas y borlas, rezan por ellas cuando se ponen enfermas y llaman a sus vecinos y a un sacerdote para celebrar el nacimiento de un nuevo becerro. En toda la India los hindúes cuelgan en sus paredes calendarios que representan a mujeres jóvenes, hermosas y enjoyadas, que tienen cuerpos de grandes vacas blancas y gordas. La leche mana de las ubres de estas diosas, mitad mujeres, mitad cebúes.

Empezando por sus hermosos rostros humanos, estas vacas de calendario tienen poca semejanza con la típica vaca que vemos en carne y hueso. Durante la mayor parte del año, sus huesos son su rasgo más acusado. La realidad es que muy poca leche mana de sus ubres; estos flacos animales apenas logran amamantar un solo becerro hasta la madurez. La producción media de leche sin desnatar de la típica raza gibosa de vaca cebú en la India no sobrepasa las 500 libras al año. Las vacas lecheras ordinarias americanas producen más de 5.000 libras y no es raro que las campeonas produzcan más de 20.000. Pero esta comparación no esclarece toda la situación. En cualquier año, cerca de la mitad de las vacas cebú de la India no dan nada de leche, ni siquiera una gota.

Para agravar la cuestión, el amor a las vacas no estimula el amor al hombre. Puesto que los musulmanes desprecian la carne de cerdo pero comen la carne de vaca, muchos hindúes les consideran asesinos de vacas. Antes de la división del subcontinente indio entre la India y el Pakistán, estallaban anualmente disturbios sangrientos entre las dos comunidades para impedir que los musulmanes mataran vacas. Recuerdos de disturbios provocados por vacas, como por ejemplo el de Bihar en 1917, en el que murieron treinta personas y fueron saqueadas ciento setenta aldeas musulmanas hasta la última jamba de la puerta, continúan envenenando las relaciones entre la India y el Pakistán.

Aunque deploró los disturbios, Mohandas K. Gandhi era un defensor ardiente del amor a las vacas y deseaba una prohibición total del sacrificio de las mismas. Cuando se redactó la Constitución india, ésta incluía un código de los derechos de las vacas tan ridículo que poco le faltó para prohibir cualquier modalidad de matar vacas. Desde entonces, algunos estados han prohibido totalmente el sacrificio de las vacas, pero otros todavía admiten excepciones. La cuestión de las vacas sigue siendo causa importante de disturbios y desórdenes no sólo entre los hindúes y las restantes comunidades musulmanas, sino también entre el Partido del Congreso en el poder y las facciones hindúes extremistas de los amantes de las vacas. El 7 de noviembre de 1966, una muchedumbre de ciento veinte mil personas, encabezada por un grupo de santones desnudos, que cantaban e iban adornados con guirnaldas de caléndulas y se habían untado con ceniza blanca de boñiga de vaca, hizo una manifestación contra el sacrificio de vacas ante la sede del Parlamento indio. Murieron ocho personas y cuarenta y ocho resultaron heridas durante los disturbios que se produjeron a continuación. A estos acontecimientos siguió en todo el país una ola de ayunos entre los santones, encabezados por Muni Shustril Kumar, presidente del Comité Interpartidista para la Campaña de Protección de las Vacas.

El amor a las vacas parece absurdo, incluso suicida, a los observadores occidentales familiarizados con las modernas técnicas industriales de la agricultura y la ganadería. El experto en eficiencia anhela coger a todos estos animales inútiles y darles un destino adecuado. Y, sin embargo, descubrimos ciertas incoherencias en la condena del amor a las vacas. Cuando empecé a pensar si podría existir una explicación práctica para la vaca sagrada, me encontré con un curioso informe del gobierno. Decía que la India tenía demasiadas vacas, pero muy pocos bueyes. Con tantas vacas en derredor ¿cómo podía haber escasez de bueyes? Los bueyes y el macho del búfalo de agua son la fuente principal de tracción para arar los campos en la India. Por cada granja de diez acres o menos, se considera adecuado un par de bueyes o de búfalos de agua. Un poco de aritmética muestra que, en lo que atañe a la arada, hay en realidad escasez más que exceso de animales. La India tiene sesenta millones de granjas, pero sólo ochenta millones de animales de tracción. Si cada granja tuviera su cupo de dos bueyes o dos búfalos de agua, debería haber 120 millones de animales de tracción, es decir, 40 millones más de los que realmente hay.

Puede que este déficit no sea tan grave, puesto que algunos agricultores alquilan o piden prestados bueyes a sus vecinos. Pero compartir animales de tiro resulta a menudo poco práctico. La tarea de arar debe coordinarse con las lluvias monzónicas, y cuando ya se ha arado una granja, tal vez haya pasado el momento óptimo para arar otra. Además, una vez finalizada la arada, el agricultor necesita todavía su propio par de bueyes para tirar de su carreta, que es la base principal del transporte de bultos en toda la India rural. Es muy posible que la propiedad privada de granjas, ganado vacuno, arados y carretas de bueyes reduzca la eficiencia de la agricultura india, pero pronto me percaté de que esto no era provocado por el amor a las vacas.

El déficit de animales de tiro constituye una amenaza terrible que se cierne sobre la mayor parte de las familias campesinas de la India. Cuando un buey cae enfermo, el campesino pobre se halla en peligro de perder su granja. Si no posee ningún sustituto, tendrá que pedir prestado dinero con unos intereses usurarios. Millones de familias rurales han perdido de hecho la totalidad o parte de sus bienes y se han convertido en aparceros o jornaleros como consecuencia de estas deudas. Todos los años cientos de miles de agricultores desvalidos acaban emigrando a las ciudades, que ya rebosan de personas sin empleo y sin hogar.

El agricultor indio que no puede reemplazar su buey enfermo o muerto se encuentra poco más o menos en la misma situación que un agricultor americano que no pueda sustituir ni reparar su tractor averiado. Pero hay una diferencia importante: los tractores se fabrican en factorías, pero los bueyes nacen de las vacas. Un agricultor que posee una vaca posee una factoría para producir bueyes. Con o sin amor a las vacas, ésta es una buena razón para tener poco interés en vender su vaca al matadero. También empezamos a vislumbrar por qué los agricultores indios podrían estar dispuestos a tolerar vacas que sólo producen 500 libras de leche al año. Si la principal función económica de la vaca cebú es criar animales de tracción, entonces no hay ninguna razón para compararla con los especializados animales americanos cuya función primordial es producir leche. Sin embargo, la leche que producen las vacas cebú cumple un cometido importante en la satisfacción de las necesidades nutritivas de muchas familias pobres. Incluso pequeñas cantidades de productos lácteos pueden mejorar la salud de personas que se ven obligadas a subsistir al borde de la inanición.

Cuando los agricultores indios quieren un animal principalmente para obtener leche recurren a la hembra del búfalo de agua, que tiene períodos de secreción de leche más largos y una producción de grasa de mantequilla mayor que la del ganado cebú. El búfalo de agua es también un animal superior para arar en arrozales anegados. Pero los bueyes tienen más variedad de usos y los agricultores los prefieren para la agricultura en tierras de secano y para el transporte por carretera. Sobre todo, las razas cebú son extraordinariamente resistentes y pueden sobrevivir a las largas sequías que periódicamente asolan diferentes partes de la India.

La agricultura forma parte de un inmenso sistema de relaciones humanas y naturales. Juzgar partes aisladas de este «ecosistema» en términos que son pertinentes para el comportamiento del complejo agrícola americano produce impresiones muy extrañas. El ganado vacuno desempeña en el «ecosistema» indio cometidos que fácilmente pasan por alto o minimizan los observadores de sociedades industrializadas con alto consumo de energía. En Estados Unidos los productos químicos han sustituido casi por completo al estiércol animal como fuente principal de abonos agrícolas. Los agricultores americanos dejaron de usar el estiércol cuando empezaron a arar con tractores en vez de con mulas o caballos. Puesto que los tractores excretan veneno en vez de fertilizantes, la utilización de una agricultura mecanizada a gran escala implica casi necesariamente el empleo de fertilizantes químicos. Y hoy en día se ha desarrollado de hecho en todo el mundo un enorme complejo industrial integrado de petroquímica-tractores-camiones, que produce maquinaria agrícola, transporte motorizado, gas-oil y gasolina, fertilizantes químicos y pesticidas de los que dependen las nuevas técnicas de producción de altos rendimientos.

Para bien o para mal, la mayor parte de los agricultores de la India no pueden participar en este complejo, no porque veneren a sus vacas, sino porque no pueden permitirse el lujo de comprar tractores. Al igual que otros países subdesarrollados, la India no puede construir factorías que compitan con las instalaciones de los países industrializados, ni pagar grandes cantidades de productos industriales importados. La transformación de los animales y el estiércol en tractores y petroquímica requeriría la inversión de sumas increíbles de capital. Además, el efecto inevitable de sustituir animales baratos por máquinas costosas es reducir el número de personas que pueden ganarse la vida mediante la agricultura y obligar al correspondiente aumento en las dimensiones de la granja ordinaria. Sabemos que el desarrollo de la economía agrícola en gran escala en Estados Unidos ha significado la destrucción virtual de la pequeña granja fami-

Bueyes
Boñiga → *Combustible.*
Capa protectora
suelo

liar. Menos del 5 por 100 de las familias de Estados Unidos viven en la actualidad en granjas, en comparación con el 60 por 100 de hace aproximadamente cien años. Si la economía agrícola tuviera que desarrollarse de forma similar en la India, habría que encontrar en poco tiempo trabajo y alojamiento para 250 millones de campesinos desplazados.

Puesto que el sufrimiento provocado por el desempleo y la falta de alojamiento en las ciudades de la India es ya intolerable, un incremento masivo adicional de la población urbana sólo podría acarrear agitaciones y catástrofes sin precedentes.

Si tenemos en cuenta esta alternativa, resulta más fácil comprender sistemas basados en animales, de escala pequeña y con bajo consumo de energía. Como ya he indicado, las vacas y los bueyes proporcionan sustitutos, con bajo consumo de energía, de los tractores y las fábricas de tractores. También debemos reconocer que cumplen las funciones de una industria petroquímica. El ganado vacuno de la India excreta anualmente cerca de 700 millones de toneladas de estiércol recuperable. Aproximadamente la mitad de este total se utiliza como fertilizante, mientras que la mayor parte del resto se emplea como combustible para cocinar. La cantidad anual de calor liberado por esta boñiga, el principal combustible con el que cocina el ama de casa india, es el equivalente térmico de 27 millones de toneladas de queroseno, 35 millones de toneladas de carbón o 68 millones de toneladas de madera. Puesto que la India sólo dispone de pequeñas reservas de petróleo y carbón y ya es víctima de una extensa deforestación, estos combustibles no pueden considerarse sustitutos prácticos de la boñiga de vaca. Puede que el pensamiento de la boñiga en la cocina no atraiga al americano medio, pero las mujeres indias lo consideran un combustible superior para cocinar porque se adapta de un modo excelente a sus rutinas domésticas. La mayor parte de los platos indios se preparan con una mantequilla refinada llamada *ghee* para la cual la boñiga de vaca es la fuente preferida de calor, ya que arde con una llama limpia, lenta, de larga duración, que no socarra la comida. Esto permite al ama de casa india despreocuparse de la cocina mientras cuida de los niños, presta ayuda en las faenas del campo, o realiza otras tareas. Las amas de casa americanas alcanzan un resultado similar mediante el complejo conjunto de controles electrónicos que suelen incluir como opciones costosas las cocinas «último modelo».

La boñiga de vaca cumple por lo menos otra función importante. Mezclada con agua, se convierte en una pasta utilizada como material para recubrir el suelo del hogar. Untada sobre el suelo de tierra y dejándola endurecer hasta que se convierte en una superficie lisa, impide la formación de polvo y puede limpiarse con una escoba.

Dado que los excrementos del ganado vacuno tienen tantas propiedades útiles, se recoge con cuidado hasta el último residuo de boñiga. En las aldeas, la gente poco importante se encarga de la tarea de seguir por todas partes a la vaca familiar y de llevar a casa su producto petroquímico diario. En las ciudades, las castas de los barrenderos monopolizan la boñiga depositada por animales extraviados y se ganan la vida vendiéndola a las amas de casa.

Desde el punto de vista de la agricultura mecanizada, una vaca seca y estéril es una abominación económica. Desde el punto de vista del agricultor campesino, la misma vaca seca y estéril puede constituir la última y desesperada defensa contra los prestamistas. Siempre existe la posibilidad de que un monzón favorable restablezca el vigor del ejemplar más decrépito y de que engordará, parirá y volverá a dar leche. Por esto es que reza el agricultor; y a veces sus oraciones son escuchadas. Entretanto continúa la producción de boñiga. Así empezamos a vislumbrar poco a poco por qué una vaca vieja y flaca parece hermosa a los ojos del propietario.

El ganado cebú tiene el cuerpo pequeño, gibas que alma-

cenan la energía en sus lomos y gran capacidad de recuperación. Estos rasgos están adaptados a las condiciones específicas de la agricultura india. Las razas nativas pueden sobrevivir durante largos períodos de tiempo con poco alimento
o agua y son muy resistentes a las enfermedades que afligen a
otras razas en los climas tropicales. Se explota a los bueyes
cebú mientras continúan respirando. El veterinario Stuart
Odend'hal, antes vinculado a la Universidad de Johns Hop-
kins, realizó autopsias de campo sobre ganado vacuno indio
que normalmente había seguido trabajando hasta unas horas antes de morir pero cuyos órganos vitales estaban daña-
dos por lesiones masivas. Dada su enorme capacidad de recuperación, nunca es fácil desechar estas bestias como
totalmente «inútiles» mientras están vivas.

Pero más pronto o más tarde, llega un momento en que se
pierde toda esperanza de recuperación de un animal, e incluso cesa la producción de boñiga. Con todo, el campesino
hindú rehúsa matarlo para obtener alimento o venderlo al
matadero. ¿No es esto evidencia incontrovertible de una
práctica económica perjudicial que no tiene ninguna explicación, salvo los tabúes religiosos sobre el sacrificio de las
vacas y el consumo de su carne?

Nadie puede negar que el amor a las vacas moviliza a la
gente para oponerse al sacrificio de las mismas y al consumo
de su carne. Pero no estoy de acuerdo en que los tabúes que
prohíben sacrificar y comer la carne de vaca tengan necesariamente un efecto adverso en la supervivencia y bienestar
del hombre. Un agricultor que sacrifica o vende sus animales viejos o decrépitos podría ganarse unas rupias de más o
mejorar temporalmente la dieta de su familia. Pero a largo
plazo, esta negativa a vender al matadero o sacrificar para su
propia mesa puede tener consecuencias benéficas. Un principio establecido del análisis ecológico afirma que las comunidades de organismos no se adaptan a condiciones ordinarias sino extremas. La situación pertinente en la India es la

ausencia periódica de las lluvias monzónicas. Para evaluar el significado económico de los tabúes que prohíben sacrificar vacas y comer su carne, debemos considerar lo que significan estos tabúes en el contexto de sequías y escaseces periódicas.

El tabú que prohíbe sacrificar y comer carne de vaca puede ser un producto de la selección natural al igual que el pequeño tamaño corporal y la fabulosa capacidad de recuperación de las razas cebú. En épocas de sequía y escasez, los agricultores están muy tentados a matar o vender su ganado vacuno. Los que sucumben a esta tentación firman su propia sentencia de muerte, aun cuando sobrevivan a la sequía, puesto que cuando vengan las lluvias no podrán arar sus campos. Incluso voy a ser más categórico: el sacrificio masivo del ganado vacuno bajo la presión del hambre constituye una amenaza mucho mayor al bienestar colectivo que cualquier posible error de cálculo de agricultores particulares respecto a la utilidad de sus animales en tiempos normales. Parece probable que el sentido de sacrilegio indecible que comporta el sacrificio de vacas esté arraigado en la contradicción intolerable entre necesidades inmediatas y condiciones de supervivencia a largo plazo. El amor a las vacas con sus símbolos y doctrinas sagrados protege al agricultor contra cálculos que sólo son «racionales» a corto plazo. A los expertos occidentales les parece que «el agricultor indio prefiere morirse de hambre antes que comerse su vaca». A esta misma clase de expertos les gusta hablar de la «mentalidad oriental inescrutable» y piensan que las «masas asiáticas no aman tanto la vida». No comprenden que el agricultor preferiría comer su vaca antes que morir, pero que moriría de hambre si lo hace.

Pese a la presencia de leyes sagradas y del amor a las vacas, la tentación de comer carne de vaca bajo la presión del hambre resulta a veces irresistible. Durante la Segunda Guerra Mundial las sequías y la ocupación japonesa de Birmania

provocaron una gran escasez en Bengala. El sacrificio de las
vacas y de animales de tiro alcanzó niveles tan alarmantes en
el verano de 1944 que los británicos tuvieron que utilizar
tropas para hacer cumplir las leyes que protegían a las vacas.
Y en 1967 el *New York Times* relataba:

Los hindúes que afrontan la inanición en la región de Bihar, asolada
por la sequía, están sacrificando las vacas y se comen la carne aun
cuando los animales son sagrados según la religión hindú.

Los observadores señalaban que la «miseria de la gente
era inimaginable».

La supervivencia hasta la vejez de cierto número de animales totalmente inútiles en una época buena forma parte
del precio que se ha de pagar por proteger animales útiles
contra su sacrificio en épocas malas. Pero me pregunto qué
se pierde en realidad con la prohibición del sacrificio y el
tabú sobre la carne de vaca. Desde el punto de vista de la economía agrícola de Occidente, parece irracional que la India
no disponga de una industria de envasar carne. Pero el potencial real de esta industria en un país como la India es muy
limitado. Un incremento sustancial en la producción de carne de vaca forzaría el ecosistema entero, no por el amor a las
vacas, sino por las leyes de la termodinámica. En cualquier
cadena alimentaria la interposición de eslabones animales
adicionales provoca un fuerte descenso en la eficiencia de la
producción de alimentos. El valor calórico de lo que ha comido un animal siempre es mucho mayor que el valor calórico de su cuerpo. Esto significa que hay más calorías disponibles *per capita* cuando la población humana consume
directamente el alimento de las plantas que cuando lo utiliza
para alimentar a animales domesticados.

Debido al alto nivel de consumo de carne de vaca en Estados Unidos, las tres cuartas partes de todas nuestras tierras
cultivadas se destinan a alimentar al ganado en vez de a la

gente. Puesto que la ingestión de calorías *per capita* en la India ya está por debajo de los requisitos mínimos diarios, la orientación de las tierras cultivadas hacia la producción de carne sólo provocaría una elevación en los precios de los artículos alimenticios y un nuevo deterioro en el nivel de las familias pobres. Dudo si más del 10 por 100 de la población india podría incluso hacer de la carne de vaca un artículo importante de su dieta, prescindiendo de si creen o no en el amor a las vacas.

También dudo de que el envío de los animales más viejos y decrépitos a los mataderos existentes produzca mejorías en la nutrición de la gente más necesitada. De todas formas, la mayor parte de estos animales no se desperdicia aun cuando no se envíe al matadero, ya que en la India existen castas de rango inferior cuyos miembros tienen derecho a disponer de los cuerpos del ganado vacuno muerto. Veinte millones de cabezas de ganado vacuno perecen anualmente de una forma u otra, y una gran parte de su carne se la comen estos «intocables» devoradores de carroña.

Mi amiga la doctora Joan Mencher, antropóloga que ha trabajado en la India durante muchos años, indica que los mataderos existentes abastecen de carne a la clase media urbana no hindú. Observa que los «intocables obtienen su alimento de otra forma. Pueden disponer de la carne si una vaca muere de inanición en una aldea, pero no si se envía a un matadero para venderla a musulmanes o cristianos». Los informadores de la doctora Mencher negaron al principio que un hindú comiera carne de vaca, pero cuando se enteraron de que a los americanos de «casta superior» les gustaban los filetes, confesaron rápidamente que les agradaba la carne de vaca al curry.

Al igual que todo lo discutido hasta aquí, el hecho de que los intocables coman carne se ajusta perfectamente a las condiciones prácticas. Las castas que comen carne suelen ser también las que trabajan el cuero, puesto que tienen derecho a disponer de la piel de las vacas muertas. Así, pese al amor a las vacas, la India ha logrado desarrollar una enorme industria artesanal del cuero. De este modo, se sigue explotando con fines humanos a animales aparentemente inútiles, incluso después de muertos.

Podría tener razón en que el ganado vacuno es útil como tracción, combustible, fertilizante, leche, recubrimiento del suelo, carne y cuero, y, sin embargo, interpretar erróneamente el significado ecológico y económico de todo el complejo. Todo depende de lo que cuesta esto en recursos naturales y mano de obra en relación con formas alternativas de satisfacer las necesidades de la inmensa población india. Estos costos están determinados en gran medida por lo que el ganado vacuno come. Muchos expertos suponen que el hombre y la vaca se encuentran enzarzados en una competición mortal por la tierra y los cultivos alimenticios. Esto podría ser verdad si los agricultores indios adoptaran el modelo agrícola americano y dieran de comer a sus animales alimentos cultivados. Pero la verdad cruda sobre la vaca sagrada consiste en que es un infatigable devorador de desperdicios. Sólo una parte insignificante del alimento consumido por la vaca corriente proviene de pastos y cultivos reservados para su uso.

Esto debería desprenderse de todos esos informes que nos relatan cómo las vacas deambulan por doquier provocando embotellamientos de tráfico. ¿Qué hacen estos animales en los mercados, en los prados, a lo largo de las carreteras y de las vías de ferrocarril y en las laderas estériles? Pero, ¡qué hacen si no es comer cualquier brizna de hierba, rastrojos y desperdicios, que no pueden ser consumidos directamente por los seres humanos, y convertirlos en leche y otros productos útiles! El doctor Odend'hal ha descubierto en su estudio sobre el ganado vacuno en Bengala Occidental que la dieta principal de éste está integrada por derivados de desecho de los cultivos alimenticios destinados al hombre, principalmente paja de arroz, salvado de trigo y cáscaras de arroz. Cuando la Fundación Ford estimaba que sobraba la mitad del ganado vacuno en relación con el aprovisionamiento de alimentos, daba a entender que la mitad del ganado lograba sobrevivir aun sin disponer de cultivos forrajeros. Pero este cálculo subestima la realidad. Probablemente menos del 20 por 100 de lo que consume el ganado vacuno consiste en sustancias comestibles por el hombre; y la mayor parte de este porcentaje se destina a alimentar a bueyes y búfalos de agua que trabajan en el campo, en vez de a las vacas viejas y estériles. Odend'hal descubrió que en el área por él estudiada no había competencia entre el ganado vacuno y el hombre por la tierra o el aprovisionamiento de víveres: «Esencialmente, el ganado vacuno convierte artículos con poco valor humano directo en productos de utilidad inmediata.»

Una razón por la que muy a menudo se comprende mal este amor a las vacas es que tiene consecuencias diferentes para el rico y el pobre. Los agricultores pobres se sirven de él como permiso para recoger todos los desperdicios, mientras que los agricultores ricos se oponen a esto por considerarlo un expolio. Para el agricultor pobre la vaca es un mendigo sagrado; para el agricultor rico un ladrón. A veces las vacas invaden los pastos o tierras cultivadas de alguien. Los terratenientes se quejan, pero los campesinos pobres alegan ignorancia y dependen del amor a las vacas para recuperar a sus animales. Si hay competencia, ésta se produce entre hombres o entre castas, pero no entre hombres y bestias.

También las vacas de la ciudad tienen propietarios que las dejan buscar alimento durante el día y las recogen por la noche para ordeñarlas. La doctora Mencher cuenta que durante su estancia en un barrio de clase media en Madrás, sus vecinos se quejaban constantemente de que las vacas «extraviadas» irrumpían en los patios de las casas. Los animales extraviados pertenecían en realidad a gente que vivía en una habitación situada encima de una tienda y que vendía la leche de puerta en puerta en el barrio. Por lo que respecta a los asilos y campos de la policía reservados para las vacas, cumplen la función de reducir el riesgo de mantener vacas en un medio urbano. Si una vaca cesa de producir leche, el propietario puede optar por dejarla que deambule en derredor hasta que la policía la recoja y la conduzca al lugar reservado para ellas. Cuando la vaca se ha recuperado, el propietario paga una pequeña multa y la conduce a su refugio habitual. Los asilos funcionan según un principio similar, proporcionando pastos baratos, subvencionados por el gobierno, que, de lo contrario, no serían asequibles a las vacas de la ciudad.

Digamos de paso que la forma preferida de comprar leche en las ciudades es conducir la vaca hasta casa y ordeñarla allí mismo. A menudo ésta es la única manera de poder cerciorarse el cabeza de familia de que compra leche pura en vez de leche mezclada con agua u orina.

Lo que resulta más increíble en estas disposiciones es su interpretación como evidencia de prácticas hindúes despilfarradoras y antieconómicas, cuando en realidad reflejan un grado de economización que supera las pautas de ahorro y economía occidentales, «protestantes». El amor a las vacas es perfectamente compatible con una determinación despiadada de sacar hasta la última gota de leche de la vaca. El hombre que lleva la vaca de puerta en puerta lleva consigo un becerro simulado, confeccionado con piel de becerro rellena, que coloca en el suelo junto a la vaca para conseguir con engaños el resultado deseado. Cuando esto no sirve, puede recurrir al *phooka,* que consiste en inyectar aire en el útero de la vaca mediante un tubo hueco, o al *doom dev,* que consiste en introducir su rabo en el orificio vaginal. Gandhi creía que se trataba a las vacas con más crueldad en la India que en cualquier otra parte del mundo. Se lamentaba de «¡cómo las desangramos hasta sacarles la última gota de leche! ¡Cómo las privamos de alimentos hasta su emaciación, cómo maltratamos a los becerros, cómo les privamos de su parte de leche, con qué crueldad tratamos a los bueyes, cómo les castramos, cómo les pegamos, cómo les sobrecargamos!».

Nadie comprendió mejor que Gandhi que el amor a las vacas tenía consecuencias diferentes para el rico y el pobre. Para Gandhi la vaca era uno de los puntos focales de la lucha por convertir a la India en una auténtica nación. El amor a las vacas iba aparejado a la agricultura de pequeña escala, la confección de hilo de algodón con rueca, el sentarse con las piernas cruzadas en el suelo, el vestirse con taparrabos, el vegetarianismo, el respeto por la vida y el más riguroso pacifismo. La enorme popularidad de Gandhi entre las masas campesinas, los pobres urbanos y los intocables tenía su origen en estos temas. Era su manera de protegerlos contra los estragos de la industrialización.

Los economistas que quieren sacrificar los animales «excedentes» para hacer más eficiente la agricultura india ignoran las repercusiones asimétricas de la *ahimsa* («no violencia») para el rico y el pobre. Por ejemplo, el profesor Alan Heston admite el hecho de que el ganado vacuno cumple funciones vitales para las que no hay sustitutos fácilmente disponibles. Pero propone que estas mismas funciones se podrían realizar con mayor eficacia si hubiera 30 millones menos de vacas. Esta cifra se basa en el supuesto de que con cuidados adecuados sólo se necesitarían 40 vacas por cada cien animales machos para sustituir el número actual de bueyes. Puesto que hay 72 millones de machos adultos, según esta fórmula bastaría con 24 millones de hembras de cría. En realidad hay 54 millones de vacas. Heston estima, así, en 30 millones los animales inútiles que deben ser sacrificados, restando 24 de los 54 millones. El forraje y los alimentos que estos animales inútiles les han venido consumiendo deben distribuirse entre el resto de los animales, que estarán más sanos y, por consiguiente, podrán mantener la producción total de leche y de boñiga en o por encima de los niveles anteriores. Pero, ¿qué vacas se van a sacrificar? Cerca del 43 por 100 de la población total de ganado vacuno se encuentra en el 62 por 100 de las granjas más pobres. Estas granjas de 5 acres o menos sólo disponen del 5 por 100 de los pastizales. En otras palabras, la mayor parte de los animales temporalmente secos, estériles y débiles pertenecen a la gente que vive en las granjas más pequeñas y más pobres. De modo que cuando los economistas hablan de deshacerse de 30 millones de vacas, en realidad hablan de librarse de 30 millones de vacas pertenecientes a familias pobres, no a ricas. Pero la mayor parte de las familias pobres sólo poseen una vaca; por consiguiente, esta economización no se reduce tanto a eliminar 30 millones de vacas como a librarse de 150 millones de personas, obligándolas a abandonar el campo y emigrar a las ciudades.

Los partidarios del sacrificio de las vacas basan su recomendación en un error comprensible. Razonan que si los agricultores rehúsan matar sus animales y hay un tabú religioso que prohíbe hacer esto, el tabú es el principal responsable de la alta proporción de vacas con respecto a bueyes. Su error se oculta en la misma proporción observada: 70 vacas por cada 100 bueyes. Si el amor a las vacas impide a los agricultores matar vacas inútiles desde el punto de vista económico, ¿cómo es que hay un 30 por 100 menos de vacas que de bueyes? Si nacen aproximadamente tantos animales hembras como machos, debe haber algo que provoque la muerte de más hembras que machos. La solución a este enigma consiste en que aun cuando ningún campesino hindú sacrifica deliberadamente una becerra o una vaca decrépita a palos o con un cuchillo, puede deshacerse, y de hecho se deshace de ellas, cuando se vuelven inútiles desde su punto de vista. Se emplean diferentes métodos, a excepción del sacrificio directo. Por ejemplo, para «matar» becerras indeseadas se coloca un yugo de madera en forma de triángulo alrededor de su cuello de modo que, al tratar de mamar, pinchan las ubres de las vacas y mueren como consecuencia de las coces que reciben de éstas. A los animales viejos simplemente se los ata con cuerdas cortas, dejándolos así hasta que mueran de hambre, un proceso que no dura mucho tiempo si el animal ya está débil y enfermo. Finalmente, cantidades desconocidas de vacas decrépitas se venden subrepticiamente mediante una cadena de intermediarios musulmanes y cristianos, yendo a parar a los mataderos urbanos.

Si queremos explicar la proporción observada entre vacas y bueyes, debemos estudiar las lluvias, el viento, el agua y las pautas de tenencia de la tierra, no el amor a las vacas. La prueba de esto está en que la proporción entre vacas y bueyes varía según la importancia relativa de los diferentes componentes del sistema agrícola en las diversas regiones de la India. La variable más importante es la cantidad de agua de regadío disponible para el cultivo del arroz. Siempre que hay extensos arrozales de regadío, el búfalo de agua tiende a ser el animal de tracción preferido y la hembra del búfalo de agua sustituye entonces a la vaca cebú como productora de leche. Por esta razón, la proporción entre vacas y bueyes se reduce al 47 por 100 en las enormes llanuras del norte de la India, donde las nieves fundidas del Himalaya y los monzones crean el río sagrado del Ganges. Como ha señalado el eminente economista indio K. N. Raj, los distritos del valle del Ganges, en los que se cultivan sin interrupción, durante todo el año, los arrozales, tienen proporciones entre vacas y bueyes que se acercan al óptimo teórico. Esto llama mucho la atención por cuanto que la región en cuestión –la llanura del Ganges– es el corazón de la religión hindú y encierra sus santuarios más sagrados.

Una comparación entre la India hindú y el Pakistán occidental musulmán refuta también la teoría que afirma que la religión es el responsable principal de la alta proporción de vacas sobre bueyes. Pese al rechazo del amor a las vacas y de los tabúes que prohíben sacrificar vacas y comer su carne, el Pakistán occidental dispone en total de 60 vacas por cada 100 machos, cifra considerablemente superior a la media del estado indio, profundamente hindú, de Uttar Pradesh. Cuando se seleccionan los distritos de Uttar Pradesh que destacan por la importancia del búfalo de agua y el regadío mediante canales y se comparan con distritos ecológicamente similares del Pakistán occidental, las proporciones entre vacas y bueyes resultan prácticamente las mismas.

¿Quiere decir esto que el amor a las vacas no tiene ningún efecto sobre la proporción sexual del ganado vacuno o sobre otros aspectos del sistema agrícola? No. Lo que afirmo es que el amor a las vacas es un elemento activo en un orden material y cultural complejo y bien articulado. El amor a las vacas activa la capacidad latente de los seres humanos para mantenerse en un ecosistema con bajo consumo de energía, en el que hay poco margen para el despilfarro o la indolencia. El amor a las vacas contribuye a la resistencia adaptativa de la población humana conservando temporalmente a los animales secos o estériles, pero todavía útiles, desalentando el desarrollo de una industria cárnica costosa desde un punto de vista energético; protegiendo un ganado vacuno que engorda a costa del sector público o de los terratenientes; y conservando la capacidad de recuperación de la población vacuna durante sequías y períodos de escasez. Como sucede en cualquier sistema natural o artificial, siempre se produce alguna fuga, fricción o pérdida vinculados a estas interacciones complejas, en las que intervienen 500 millones de personas, ganado, tierra, trabajo, economía política, abono y clima. Los partidarios del sacrificio afirman que la práctica de dejar criar indiscriminadamente a las vacas y después reducir su número por descuido e inanición es despilfarradora e ineficiente. No dudo de que esto es correcto, pero sólo en un sentido restringido y relativamente insignificante. El

ahorro que un ingeniero agrícola podría conseguir elimi-
nando un número desconocido de animales totalmente inútiles debe compararse con las pérdidas catastróficas para los
campesinos marginales, en especial durante las sequías y
épocas de escasez, si el amor a las vacas cesa de ser una obligación sagrada.

Puesto que la movilización eficaz de toda acción humana
depende de la aceptación de credos y doctrinas psicológica-
mente compulsivas, habrá que esperar que los sistemas económicos oscilen siempre por debajo y por encima de sus
puntos de eficiencia óptima. Pero el supuesto de que podemos lograr que funcione mejor todo el sistema atacando
simplemente su conciencia es ingenuo y peligroso. Cabe alcanzar mejoras sustanciales en el sistema actual estabilizan-
do la población humana de la India y permitiendo a mayor
número de gente disponer de más tierra, agua, bueyes y búfalos de agua sobre una base más equitativa. La alternativa es
destruir el sistema actual y reemplazarlo por un conjunto de
relaciones demográficas, tecnológicas, político-económicas
e ideológicas totalmente nuevas; esto es, por un ecosistema
completamente nuevo. No cabe duda que el hinduismo es
una fuerza conservadora, que hace más difícil la tarea de los
expertos en «desarrollo» y los agentes «modernizadores»
empeñados en destruir el viejo sistema y sustituirlo por un
sistema agrícola e industrial con alto consumo de energía.
Pero si se opina que un sistema agrícola e industrial con alto
consumo de energía ha de ser necesariamente más «racional» o «eficiente» que el sistema actualmente existente, mejor es dejar las cosas como están.

Los estudios de costos y de rendimientos energéticos
muestran, en contra de nuestras expectativas, que la India
utiliza su ganado vacuno con mayor eficiencia que Estados
Unidos. El doctor Odend'hal descubrió en el distrito de Sin-
gur, en Bengala Occidental, que la eficiencia energética bruta del ganado vacuno, definida como el total de calorías úti-

les producidas en un año dividido por el total de calorías consumidas durante el mismo período, era del 17 por 100*. Esta cifra contrasta con la eficiencia energética bruta inferior al 4 por 100 del ganado de carne criado en los pastizales de Occidente. Como dice Odend'hal, la eficiencia relativamente alta del complejo ganadero indio no obedece a que los animales sean especialmente productivos, sino a que los hombres aprovechan con sumo cuidado sus productos. «Los aldeanos son muy utilitaristas y nada se desperdicia.»

El despilfarro es más bien una característica de la moderna agricultura mecanizada que de las economías campesinas tradicionales. Por ejemplo, mediante el nuevo sistema de producción automatizada de carne de vaca en Estados Unidos no sólo se desperdicia el estiércol del ganado, sino que se deja que contamine las aguas freáticas en extensas áreas y contribuya a la polución de ríos y lagos cercanos.

El nivel de vida superior que poseen las naciones industrializadas no es consecuencia de una mayor eficiencia pro-

---

* Marvin Harris ha desarrollado en su obra *Culture, People, Nature,* una ecuación que establece una relación entre aspectos de la producción y el «output» energético:

$$E = m \times t \times r \times e$$

donde E es la energía alimenticia o el número de calorías que un sistema produce anualmente; m = el número de productores de alimento; t = el número de horas de trabajo por cada productor de alimento; r = número de calorías gastadas por el productor de alimentos por hora; e = la cantidad media de calorías de alimento por cada caloría gastada en la producción de alimentos. El factor *e* refleja el inventario tecnológico de la producción de alimentos y la aplicación de esta tecnología a la tarea de la producción. Por tanto *e* revela la productividad del trabajo o el nivel de eficiencia tecnoambiental del que gozan los productores de alimentos de un sistema cultural en su intento de obtener energía alimenticia de su medio ambiente. Es decir, como dice M. Harris, «cuanto mayor es *e*, mayor es el número de calorías producidas por cada caloría gastada en la producción de alimentos». Consultar sobre este concepto de energía y ecosistema el capítulo 12, págs. 229-255, de la obra de Marvin Harris, *Culture, People, Nature,* Thomas Y. Crowell, Nueva York, 1975, 2.ª edición. *(N. del T.)*

ductiva, sino de un aumento muy fuerte en la cantidad de energía disponible por persona. En 1970 Estados Unidos consumió el equivalente energético a 12 toneladas de carbón por habitante, mientras que la cifra correspondiente a la India era la quinta parte de una tonelada por habitante. La forma en que se consumió esta energía implica que cada persona despilfarra mucha más energía en Estados Unidos que en la India. Los automóviles y los aviones son más veloces que las carretas de bueyes, pero no utilizan la energía con mayor eficiencia. De hecho, el calor y el humo inútiles provocados durante un solo día de embotellamientos de tráfico en Estados Unidos despilfarran mucha más energía que todas las vacas de la India durante todo el año. La comparación es incluso menos favorable si consideramos el hecho de que los automóviles parados están quemando reservas insustituibles de petróleo para cuya acumulación la tierra ha requerido decenas de millones de años. Si desean ver una verdadera vaca sagrada, salgan a la calle y observen el automóvil de la familia.

Porcofilia y porcofobia

Todas las personas conocen ejemplos de hábitos alimenticios aparentemente irracionales. A los chinos les gusta la carne de perro, pero desdeñan la leche de vaca; a nosotros nos gusta la leche de vaca, pero nos negamos a comer la carne de perro; algunas tribus del Brasil se deleitan con las hormigas, pero menosprecian la carne de venado. Y así sucesivamente en todo el mundo.

El enigma del cerdo me parece una buena continuación del de la madre vaca. Nos obliga a tener que explicar por qué algunos pueblos aborrecen el mismo animal al que otros aman.

La mitad del enigma que concierne a la porcofobia es bien conocida para judíos, musulmanes y cristianos. El dios de los antiguos hebreos hizo todo lo posible (una vez en el Libro del Génesis y otra en el Levítico) para denunciar al cerdo como ser impuro, como bestia que contamina a quien lo prueba o toca. Unos mil quinientos años más tarde, Alá dijo a su profeta Mahoma que el estatus del cerdo tenía que ser el mismo para los seguidores del Islam. El cerdo sigue siendo una abominación para millones de judíos y cientos de millones de musulmanes, pese al hecho de que puede transformar granos y tubérculos en proteínas y grasas de alta calidad de una manera más eficiente que otros animales.

El público conoce menos las tradiciones de los amantes fanáticos de los cerdos. El centro mundial del amor a los cerdos se localiza en Nueva Guinea y en las islas Melanesias del Sur del Pacífico. Para las tribus horticultoras de esta región que residen en aldeas, los cerdos son animales sagrados que se sacrifican a los antepasados y se comen en ocasiones importantes, como bodas y funerales. En muchas tribus se deben sacrificar cerdos para declarar la guerra y hacer la paz. La gente de la tribu cree que sus antepasados difuntos ansían la carne de cerdo. El hambre de carne de cerdo es tan irresistible entre los vivos y los muertos que de vez en cuando se organizan festines grandiosos y se comen casi todos los cerdos de la tribu de una sola vez. Durante varios días seguidos, los aldeanos y sus huéspedes engullen grandes cantidades de carne de cerdo, vomitando lo que no pueden digerir para volver a ingerir más. Cuando todo ha finalizado, la piara de cerdos ha quedado tan mermada que se necesitan años de rigurosa frugalidad para recomponerla. Tan pronto como se ha logrado esto se realizan los preparativos para una nueva y pantagruélica orgía. Y así vuelve a comenzar el extraño ciclo causado por la aparente mala administración.

Empezaré con el problema de los porcófobos judíos e islámicos. ¿Por qué dioses tan sublimes como Yahvé y Alá se han tomado la molestia de condenar una bestia inofensiva e incluso graciosa, cuya carne le encanta a la mayor parte de la humanidad? Los estudiosos que admiten la condena bíblica y coránica de los cerdos han ofrecido diversas explicaciones. Antes del Renacimiento, la más popular consistía en que el cerdo era literalmente un animal sucio, más sucio que otros, puesto que se revuelca en su propia orina y come excrementos. Pero relacionar la suciedad física con la abominación religiosa lleva a incoherencias. También las vacas que permanecen en un recinto cerrado chapotean en su propia orina y heces. Y las vacas hambrientas comerán con placer excrementos humanos. Los perros y los pollos hacen lo mismo sin preocuparse nadie por ello; los antiguos deben haber sabido que los cerdos criados en pocilgas limpias se convierten en remilgados animales domésticos. Finalmente, si invocamos pautas puramente estéticas de «limpieza», debemos tener presente la formidable incoherencia que supone la clasificación bíblica de langostas y saltamontes como animales «puros». El argumento de que los insectos son estéticamente más saludables que los cerdos no hará progresar la causa de los fieles.

Los rabinos judíos reconocieron estas incoherencias a principios del Renacimiento. Moisés Maimónides, médico de la corte de Saladino en El Cairo durante el siglo XIII, nos ha proporcionado la primera explicación naturalista del rechazo judío y musulmán de la carne de cerdo. Maimónides decía que Dios había querido prohibir la carne de cerdo como medida de salud pública. La carne de cerdo, escribió el rabino, «tenía un efecto malo y perjudicial para el cuerpo». Maimónides no especificó cuáles eran las razones médicas en que se basaba esta opinión, pero era el médico del sultán y su juicio era muy respetado.

A mediados del siglo XIX, el descubrimiento de que la triquinosis era provocada por comer carne de cerdo poco cocida se interpretó como una verificación rigurosa de la sabiduría de Maimónides. Judíos de mentalidad reformista se alegraron ante el sustrato racional de los códigos bíblicos y renunciaron inmediatamente al tabú sobre la carne de cerdo. La carne de cerdo, cocida adecuadamente, no constituye una amenaza a la salud pública y, por consiguiente, su consumo no puede ofender a Dios. Esto indujo a los rabinos de convicción más fundamentalista a emprender un ataque contra toda la tradición naturalista. Si Yahvé simplemente hubiera deseado proteger la salud de su pueblo, le habría ordenado comer sólo carne de cerdo bien cocida en vez de prohibir totalmente la carne de cerdo. Evidentemente, se aducía, Yahvé pensaba en otra cosa, en algo más importante que el simple bienestar físico.

Además de esta incongruencia teológica, la explicación de Maimónides adolece de contradicciones médicas y epidemiológicas. El cerdo es un vector de enfermedades humanas, pero también lo son otros animales domésticos que musulmanes y judíos consumen sin restricción alguna. Por ejemplo, la carne de vaca poco cocida es fuente de parásitos, en especial tenias, que pueden crecer hasta una longitud de 16 a 20 pies dentro de los intestinos del hombre, producen una anemia grave y reducen la resistencia a otras enfermedades infecciosas. El ganado vacuno, las cabras y las ovejas transmiten también la brucelosis, una infección bacteriana corriente en los países subdesarrollados a la que acompañan fiebre, escalofríos, sudores, debilidad, dolores y achaques. La modalidad más peligrosa es la *Brucellosis melitensis,* que transmiten las cabras y las ovejas. Sus síntomas son letargo, fatiga, nerviosismo y depresión mental, a menudo interpretados erróneamente como psiconeurosis. Finalmente está el ántrax, una enfermedad que transmite el ganado vacuno, ovejas, cabras, caballos y mulas, pero no los cerdos. A diferencia de la triquinosis, que rara vez tiene consecuencias funestas y que ni siquiera produce síntomas en la mayor parte de los individuos afectados, el ántrax experimenta a menudo un desarrollo rápido que empieza con furúnculos en el cuerpo y produce la muerte por envenenamiento de la sangre. Las grandes epidemias de ántrax que asolaron antiguamente Europa y Asia sólo pudieron ser controladas tras el descubrimiento de la vacuna contra esta enfermedad realizado por Louis Pasteur en 1881.

El hecho de que Yahvé dejara de prohibir el contacto con los transmisores domesticados del ántrax perjudica especialmente a la explicación de Maimónides, puesto que ya se conocía en los tiempos bíblicos la relación entre esta enfer-

medad en los animales y el hombre. Como describe el Libro
del Éxodo, una de las plagas enviadas contra los egipcios relaciona claramente la sintomatología del ántrax en los animales con una enfermedad humana:

... y prodújose una erupción que originaba pústulas en personas
y animales. Los adivinos no pudieron mantenerse frente a Moisés a causa de las úlceras, pues el tumor atacó a los adivinos como
a todos los egipcios.

Al tener que afrontar estas contradicciones, la mayor parte de los teólogos judíos y musulmanes han abandonado la
búsqueda de una base naturalista del aborrecimiento del
cerdo. Recientemente ha ganado fuerza una posición claramente mística que sostiene que la gracia alcanzada al acatar
los tabúes dietéticos depende de no saber exactamente lo
que Yahvé tenía en mientes y de no intentar descubrirlo.

La antropología moderna ha entrado en un callejón sin
salida similar. Por ejemplo, pese a todos sus fallos, Moisés
Maimónides estuvo más cercano a una explicación que sir
James Frazer, autor famoso de *The Golden Bough*. Frazer declaró que los cerdos, al igual que «todos los animales llamados impuros, fueron sagrados en su origen; la razón para no
comerlos consistía en que muchos eran originariamente di-
vinos». Esto no nos sirve de nada, puesto que también se
adoró en la antigüedad en el Oriente Medio a ovejas, cabras
y vacas, y, sin embargo, todos los grupos étnicos y religiosos
de esta región se deleitan mucho con su carne. En concreto,
la vaca, cuyo becerro de oro fue adorado en las faldas del
Monte Sinaí, constituiría según la lógica de Frazer un animal
más impuro para los hebreos que el cerdo.

Otros estudiosos han sugerido que los cerdos, junto con el
resto de los animales sujetos a tabúes en la Biblia y en el Corán, fueron en la antigüedad los símbolos totémicos de diferentes clanes tribales. Esto pudo haber acaecido perfecta-

mente en algún momento remoto de la historia, pero si admitimos esta posibilidad, debemos admitir también que animales «puros» tales como el ganado vacuno, ovejas y cabras podrían haber servido como tótems. En contra de gran parte de lo que se ha escrito sobre el tema del totemismo, los tótems no son habitualmente animales estimados como alimento. Los tótems más populares entre los clanes primitivos de Australia y África son aves relativamente inútiles como los cuervos y los tejedores, o insectos como jejenes, hormigas y mosquitos, o incluso objetos inanimados como nubes y cantos rodados. Además, aun cuando el tótem sea un animal estimado, no hay ninguna regla invariable que exija a los humanos abstenerse de comerlo. Con tantas opciones disponibles, decir que el cerdo era un tótem no explica nada. También podríamos declarar: «el cerdo fue convertido en tabú porque fue convertido en tabú».

Prefiero el enfoque de Maimónides. Al menos el rabino intentó comprender el tabú, situándolo en un contexto natural de salud y enfermedad en el que intervenían fuerzas mundanas y prácticas definidas. La única dificultad consistía en que su concepción de las circunstancias pertinentes para el aborrecimiento del cerdo estaba constreñida por un interés restringido en la patología corporal, característico de un médico.

La solución del enigma del cerdo nos obliga a adoptar una definición mucho más amplia de la salud pública que comprenda los procesos esenciales mediante los cuales animales, plantas y gentes logran coexistir en comunidades naturales y culturales viables. Creo que la Biblia y el Corán condenaron al cerdo porque la cría de cerdos constituía una amenaza a la integridad de los ecosistemas naturales y culturales de Oriente Medio.

Para empezar, debemos tener presente el hecho de que los hebreos protohistóricos –los hijos de Abraham, a finales del segundo milenio a. C.– estaban adaptados culturalmente a la vida en las regiones áridas, accidentadas y poco pobladas, que se extienden entre los valles fluviales de Mesopotamia y Egipto. Los hebreos eran pastores nómadas, que vivían casi exclusivamente de rebaños de ovejas, cabras y ganado vacuno, hasta su conquista del Valle del Jordán en Palestina, a principios del siglo XIII a. C. Como todos los pueblos pastores, mantenían estrechas relaciones con los agricultores sedentarios que ocupaban los oasis y las orillas de los grandes ríos. De vez en cuando, estas relaciones maduraban transformándose en un estilo de vida más sedentario, orientado hacia la agricultura. Esto es lo que parece haber ocurrido entre los descendientes de Abraham en Mesopotamia, los seguidores de José en Egipto y los seguidores de Isaac en el Néguev occidental. Pero incluso durante el clímax de la vida urbana y aldeana bajo los reyes David y Salomón, el pastoreo de ovejas, cabras y ganado vacuno continuó siendo una actividad económica muy importante.

Dentro de la pauta global de este complejo mixto de agricultura y pastoreo, la prohibición divina de la carne de cerdo constituyó una estrategia ecológica acertada. Los israelitas nómadas no podían criar cerdos en sus hábitats áridos, mientras que los cerdos constituían más una amenaza que una ventaja para las poblaciones agrícolas aldeanas y semisedentarias.

La razón básica de esto estriba en que las zonas mundiales de nomadismo pastoral corresponden a llanuras y colinas deforestadas, que son demasiado áridas para permitir una agricultura dependiente de las lluvias y que no son fáciles de regar. Los animales domésticos mejor adaptados a estas zonas son los rumiantes: ganado vacuno, ovejas y cabras. Los rumiantes tienen bolsas antes del estómago que les permiten digerir hierbas, hojas y otros alimentos compuestos principalmente de celulosa con más eficiencia que otros mamíferos.

Sin embargo, el cerdo es ante todo una criatura de los bos-

ques y de las riberas umbrosas de los ríos. Aunque es omní-
voro, se nutre perfectamente de alimentos pobres en celulosa, como nueces, frutas, tubérculos y sobre todo granos, lo
que le convierte en un competidor directo del hombre. No
puede subsistir sólo a base de hierba, y en ningún lugar del
mundo los pastores totalmente nómadas crían cerdos en
cantidades importantes. Además, el cerdo tiene el inconveniente de no ser una fuente práctica de leche y es muy difícil
conducirle a largas distancias.

Sobre todo, el cerdo está mal adaptado desde el punto de
vista termodinámico al clima caluroso y seco del Néguev, el
valle del Jordán y las otras tierras de la Biblia y el Corán. En
contraste con el ganado vacuno, las cabras y las ovejas, el
cerdo tiene un sistema ineficaz para regular su temperatura
corporal. Pese a la expresión «sudar como un cerdo», se ha
demostrado recientemente que los cerdos no sudan. El ser
humano, que es el mamífero que más suda, se refrigera a sí
mismo evaporando 1.000 gramos de líquido corporal por
hora y metro cuadrado de superficie corporal. En el mejor
de los casos, la cantidad que el cerdo puede liberar es 30 gramos por metro cuadrado. Incluso las ovejas evaporan a través de su piel el doble del líquido corporal que el cerdo. Asimismo, las ovejas disponen de una lana blanca y tupida que
refleja los rayos solares y proporciona aislamiento cuando
la temperatura del aire sobrepasa a la del cuerpo. Según
L. E. Mount, miembro del Instituto del Consejo de Investigación Agrícola de Fisiología Animal de Cambridge, Inglaterra,
los cerdos adultos perecerían si se expusieran a la luz directa
del sol y a temperaturas del aire superiores a 98° F. En el Valle
del Jordán, el aire alcanza casi todos los veranos temperaturas de 110° F, y la luz solar es intensa durante todo el año.

El cerdo debe humedecer su piel en el exterior para com-
pensar la falta de pelo protector y su incapacidad para sudar.
Prefiere revolcarse en lodo limpio y fresco, pero cubrirá su
piel con su propia orina y heces si no dispone de otro medio.

Por debajo de los 84° F, los cerdos que permanecen en pocilgas depositan sus excrementos lejos de sus zonas de dormir y comer, mientras que por encima de los 84° F comienzan a excretar indiscriminadamente en toda la pocilga. Cuanto más elevada es la temperatura, más «sucio» se vuelve el cerdo. Así, hay cierta verdad en la teoría que sostiene que la impureza religiosa del cerdo se funda en la suciedad física real. Sólo que el cerdo no es sucio por naturaleza en todas partes; más bien, el hábitat caluroso y árido del Oriente Medio obliga al cerdo a depender al máximo del efecto refrescante de sus propios excrementos.

Las ovejas y cabras fueron los primeros animales en ser domesticados en Oriente Medio, posiblemente hacia el año 9.000 a. C. Los cerdos fueron domesticados en la misma región general unos dos mil años más tarde. Los cómputos de huesos realizados por los arqueólogos en los primeros enclaves prehistóricos de aldeas que practicaban la agricultura muestran que el cerdo domesticado era casi siempre una parte relativamente insignificante de la fauna de la aldea, constituyendo sólo cerca del 5 por ciento de los restos de animales comestibles. Esto es lo que podíamos esperar de una criatura que necesitaba sombra y lodo, no producía leche y comía el mismo alimento que el hombre.

Como ya he indicado en el caso de la prohibición hindú de la carne de vaca, en condiciones preindustriales, todo animal que se cría principalmente por su carne es un artículo de lujo. Esta generalización vale también para los pastores preindustriales, que rara vez explotan sus rebaños para obtener principalmente carne.

Las antiguas comunidades del Oriente Medio, que combinaban la agricultura con el pastoreo, apreciaban a los animales domésticos principalmente como fuente de leche, queso, pieles, boñiga, fibras y tracción para arar. Las cabras, ovejas y ganado vacuno proporcionaban grandes cantidades de estos productos más un suplemento ocasional de carne magra. Por lo tanto, desde el principio, la carne de cerdo ha debido constituir un artículo de lujo, estimado por sus cualidades de suculencia, ternura y grasa.

Entre los años 7.000 y 2.000 a. C., la carne de cerdo se convirtió aún más en un artículo de lujo. Durante este período, la población humana de Oriente Medio se multiplicó por sesenta. Al crecimiento de la población acompañó una extensa deforestación, como consecuencia, sobre todo, del daño permanente causado por los grandes rebaños de ovejas y cabras. La sombra y el agua, las condiciones naturales adecuadas para la cría de cerdos, escasearon cada vez más; la carne de cerdo se convirtió aún más en un lujo ecológico y económico.

Como sucede con el tabú que prohíbe comer carne de vaca, cuanto mayor es la tentación, mayor es la necesidad de una prohibición divina. Generalmente se acepta esta relación como adecuada para explicar por qué los dioses están siempre tan interesados en combatir tentaciones sexuales tales como el incesto y el adulterio. Aquí lo aplico simplemente a un artículo alimenticio tentador. El Oriente Medio es un lugar inadecuado para criar cerdos, pero su carne constituye un placer suculento. La gente siempre encuentra difícil resistir por sí sola a estas tentaciones. Por eso se oyó decir a Yahvé que tanto comer el cerdo como tocarlo era fuente de impureza. Se oyó repetir a Alá el mismo mensaje y por la misma razón: tratar de criar cerdos en cantidades importantes era una mala adaptación ecológica. Una producción a escala pequeña sólo aumentaría la tentación. Por consiguiente, era mejor prohibir totalmente el consumo de carne de cerdo, y centrarse en la cría de cabras, ovejas y ganado vacuno. Los cerdos eran sabrosos, pero resultaba demasiado costoso alimentarlos y refrigerarlos.

Todavía persisten muchos interrogantes, en especial, por qué cada una de las otras criaturas prohibidas por la Biblia –buitres, halcones, serpientes, caracoles, mariscos, peces sin

escamas, etc.– fueron objeto del mismo tabú divino. Y por
qué los judíos y musulmanes que ya no viven en Oriente Medio continúan observando, aunque con grados diferentes de
exactitud y celo, las antiguas leyes dietéticas. En general parece que la mayor parte de las aves y animales prohibidos en-
cajan perfectamente en dos posibles categorías. Algunos,
como las águilas, culebras, los buitres y los halcones, ni siquiera son fuentes potencialmente significativas de alimentos. Otros, como el marisco, no son evidentemente accesi-
bles a poblaciones que combinan el pastoreo con la
agricultura. Ninguna de estas categorías de criaturas tabúes
plantea la cuestión que he tratado de responder: a saber,
cómo explicar un tabú aparentemente extraño e inútil. Evidentemente no es nada irracional que la gente no gaste su
tiempo cazando buitres para comer, o que no ande 50 millas
por el desierto en busca de un plato de almejas.

Ahora es el momento adecuado para rechazar la afirmación que sostiene que todas las prácticas alimenticias san-
cionadas por la religión tienen explicaciones ecológicas. Los
tabúes cumplen también funciones sociales, como ayudar a
la gente a considerarse una comunidad distintiva. La actual
observancia de reglas dietéticas entre los musulmanes y judíos que viven fuera de sus tierras de origen del Oriente Medio cumple perfectamente esta función. La cuestión que
plantea esta práctica es si disminuye de algún modo signifi-
cativo el bienestar práctico y mundano de judíos y musulmanes al privarles de factores nutritivos para los que no se
dispone fácilmente de sustitutos. A mi entender, la respuesta
es casi con seguridad negativa. Pero permitidme resistir a
otra tentación: la tentación de explicarlo todo. Pienso que
conoceremos mejor a los porcófobos si volvemos a la otra
mitad del enigma, es decir, a los amantes de los cerdos.

El amor a los cerdos es lo opuesto al oprobio divino con
que cubren al cerdo musulmanes y judíos. Esta condición no
se alcanza simplemente mediante un entusiasmo gustativo

por la cocina de la carne de cerdo. Muchas tradiciones culinarias, incluidas la euroamericana y china, estiman la carne y manteca de los cerdos. El amor a los cerdos es otra cosa. Es un estado de comunidad total entre el hombre y el cerdo. Mientras la presencia del cerdo amenaza el estatus humano de los musulmanes y los judíos, en el ambiente en que reina el amor a los cerdos la gente sólo puede ser realmente humana en compañía de ellos.

El amor a los cerdos incluye criar cerdos como miembros de la familia, dormir junto a ellos, hablarles, acariciarles y mimarles, llamarles por su nombre, conducirles con una correa a los campos, llorar por ellos cuando están enfermos o heridos, y alimentarles con bocados selectos de la mesa familiar. Pero a diferencia del amor a las vacas entre los hindúes, el amor a los cerdos incluye también el sacrificio obligatorio de cerdos y su consumo en acontecimientos especiales. A causa del sacrificio ritual y el festín sagrado, el amor a los cerdos proporciona una perspectiva más amplia de la comunión entre hombre y bestia que la existente entre el agricultor hindú y su vaca. El clímax del amor a los cerdos es la incorporación de la carne de cerdo a la carne del anfitrión humano y del espíritu del cerdo al espíritu de los antepasados.

El amor a los cerdos significa honrar al padre fallecido matando a palos la cerda predilecta ante su tumba y asándola en un horno de tierra cavado en el lugar. El amor a los cerdos significa llenar la boca del cuñado con puñados de manteca de la panza salada y fría para hacerle leal y feliz. Sobre todo, el amor a los cerdos es el gran festín de cerdos, que se celebra una o dos veces en cada generación, en el que se extermina y se devora con glotonería la mayor parte de los cerdos adultos para satisfacer el ansia de carne de cerdo de los antepasados, asegurar la salud de la comunidad y la victoria en las futuras guerras.

Roy Rappaport, profesor de la Universidad de Michigan,

ha realizado un estudio detallado de la relación entre los cerdos y los maring, un remoto grupo tribal, amante de los cerdos, que habita en la Cordillera Bismarck de Nueva Guinea. Rappaport describe en su libro *Pigs for the ancestors: Ritual in the Ecology or a New Guinea People,* cómo el amor a los cerdos contribuye a la solución de problemas humanos básicos. Dadas las circunstancias de la vida de los maring, hay escasas alternativas viables.

Cada subgrupo o clan local de los maring celebra un festival de cerdos por término medio aproximadamente una vez cada doce años. El festival entero –que incluye diversos preparativos, sacrificios en pequeña escala y el sacrificio masivo final– dura alrededor de un año y se conoce en el lenguaje de los maring como un *kaiko.* En los primeros dos o tres meses que siguen inmediatamente a la terminación del *kaiko,* el clan entabla un combate armado con los clanes enemigos, lo que produce muchas bajas y la pérdida o la conquista eventuales de territorio. El resto de los cerdos se sacrifica durante el combate; vencedores y vencidos pronto se encuentran totalmente privados de cerdos adultos con los que ganarse el favor de sus respectivos antepasados. El combate cesa bruscamente, y los beligerantes acuden a los lugares sagrados para plantar árboles pequeños llamados *rumbim.* Cada varón adulto del clan participa en este ritual poniendo las manos sobre el árbol joven *rumbim* cuando se planta en el suelo.

El mago de la guerra se dirige a los antepasados, explicando que se han quedado sin cerdos y que les agradecen estar vivos. Asegura a los antepasados que el combate ya ha finalizado y que no se reanudarán las hostilidades mientras el *rumbim* permanezca plantado. De ahora en adelante, los pensamientos y esfuerzos de los vivos se orientarán a la cría de cerdos; sólo cuando se ha formado una nueva piara de cerdos lo suficientemente grande para celebrar un gran *kaiko* y dar así las debidas gracias a los antepasados, los guerreros pensarán en arrancar el *rumbim* y retornar al campo de batalla.

Rappaport ha podido mostrar en su estudio detallado de un clan llamado los tsembaga que el ciclo entero –que consiste en el *kaiko* seguido de guerra, plantación del *rumbim,* tregua, cría de una nueva piara de cerdos, arrancamiento del *rumbim* y nuevo *kaiko*– no es un simple psicodrama de los criadores de cerdos que se han vuelto locos. Cada parte de este ciclo se integra en un ecosistema complejo autorregulado, que ajusta con eficacia el tamaño y distribución de la población animal y humana de los tsembaga según los recursos disponibles y las oportunidades de producción.

La cuestión central para poder comprender el amor a los cerdos entre los maring es la siguiente: ¿cómo decide la gente el momento en que hay cerdos suficientes para dar gracias a los antepasados como es debido? Los mismos maring no supieron enunciar cuántos años deben transcurrir o cuántos cerdos se necesitan para celebrar un *kaiko* adecuado. Descartamos prácticamente la posibilidad de acuerdo sobre la base de un número fijo de animales o años, ya que los maring carecen de calendario y su lenguaje no dispone de palabras para números superiores de tres.

El *kaiko* de 1963 que observó Rappaport se inició cuando había 169 cerdos y unos 200 miembros en el clan de los tsembaga. El significado de estas cifras en términos de las rutinas cotidianas de trabajo y pautas de asentamiento proporciona la clave para la duración del ciclo.

La tarea de criar cerdos, así como la de cultivar ñame, taro y batatas depende principalmente del trabajo de las mujeres maring. Éstas transportan las crías de los cerdos junto con las criaturas humanas a los huertos. Después del destete, sus dueñas les adiestran a correr detrás de ellas como perros. A la edad de cuatro o cinco meses, los cerdos vagan sueltos por el hosque hasta que sus dueñas los conducen a casa al anochecer para proporcionarles una ración diaria de batatas y ñames sobrantes o de calidad inferior. A medida que crecen los cerdos y aumenta su número, la mujer debe trabajar mucho más para proporcionarles su cena.

Mientras el *rumbim* permanecía plantado, Rappaport descubrió que las mujeres tsembaga estaban sometidas a una presión considerable para aumentar la dimensión de sus huertos, plantar más batatas y ñames, y criar más cerdos con tanta rapidez como fuera posible para tener «suficientes» cerdos y poder celebrar el siguiente *kaiko* antes que el enemigo. El peso de los cerdos adultos, que oscila alrededor de las 135 libras, sobrepasa el de la media de los maring adultos, y a pesar de hozar durante el día, a cada mujer le cuesta tanto esfuerzo alimentarles como un hombre adulto. Cuando se arrancó el *rumbim* en 1963, las mujeres tsembaga más ambiciosas atendían el equivalente de seis cerdos de 135 libras cada uno, además de trabajar en el huerto para ellas y sus familias, cocinar, amamantar, transportar las criaturas de un lado para otro y manufacturar artículos domésticos como bolsas de red, delantales de cuerda y taparrabos. Rappaport calcula que sólo el cuidado de los seis cerdos consumía más del 50 por ciento del total de energía diaria gastada por una mujer maring sana y bien alimentada.

Normalmente al aumento en la población porcina acompaña también un incremento en la población humana, en especial entre grupos que han sido los vencedores en la guerra anterior. Los cerdos y la gente han de nutrirse de los huertos instalados en zonas taladas y quemadas del bosque tropical que cubre las faldas de la Cordillera Bismarck. Como sucede con otros sistemas de horticultura similares en otras regiones tropicales, la fertilidad de los huertos maring depende del nitrógeno depositado en el suelo por las cenizas provenientes de la quema de árboles. No se pueden plantar los huertos durante más de dos o tres años consecutivos, puesto que una vez que han desaparecido los árboles, las fuertes lluvias se llevan rápidamente el nitrógeno y otros elementos nutritivos del suelo. La única solución consiste en elegir otro lugar y quemar otro segmento del bosque. Después de una década aproximadamente, los antiguos huertos se cubren de abundante vegetación secundaria de modo que se pueden volver a quemar y plantar. Son preferidos estos emplazamientos de huertos antiguos puesto que son más fáciles de desbrozar que el bosque virgen. Pero cuando aumenta la población de cerdos y hombres durante la tregua del *rumbim,* la maduración de los emplazamientos de los antiguos huertos se retrasa y se deben establecer nuevos huertos en las zonas vírgenes. Aunque se dispone de bosque virgen en abundancia, los nuevos emplazamientos de huertos exigen un esfuerzo extra a cada uno y reducen la tasa típica de rendimiento por cada unidad de trabajo invertida por los maring en alimentarse a sí mismos y a sus cerdos.

Los hombres que se encargan de desbrozar y quemar la selva para los nuevos huertos deben trabajar mucho más a causa de la mayor espesura y altura de los árboles vírgenes. Pero son las mujeres las que más sufren, puesto que los nuevos huertos se ubican necesariamente a una mayor distancia del centro de la aldea. No sólo tienen que plantar huertos más extensos para alimentar a sus familias y cerdos, sino que también han de emplear cada vez más tiempo caminando para ir a trabajar y consumir más energía llevando los cochinillos y bebés a los huertos y desde éstos a casa y transportando a sus hogares cargas pesadas de ñames y batatas.

Otra fuente de tensión surge del esfuerzo creciente que requiere la protección de los huertos para que no sean devorados por los cerdos adultos que andan sueltos hozando. Cada huerto debe rodearse con una fuerte empalizada que impida la entrada de los cerdos. Sin embargo, una cerda hambrienta de 150 libras es un adversario terrible. Cuando crece la piara de cerdos, éstos abren brechas en las empalizadas e invaden más a menudo los huertos. Un horticultor airado que sorprenda al cerdo infractor puede llegar a matarlo. Estos incidentes desagradables producen enfrentamientos en-

tre los vecinos y aumentan la sensación general de insatis-
facción. Como señala Rappaport, los incidentes en los que
están implicados los cerdos aumentan necesariamente con
más rapidez que la misma piara.

Para evitar estos incidentes y estar más cerca de sus huertos, los maring comienzan a dispersar sus casas en un área
más extensa. Esta dispersión reduce la seguridad del grupo
en caso de reanudación de las hostilidades. Todos se vuelven
más nerviosos. Las mujeres comienzan a quejarse de su exceso de trabajo. Discuten con sus maridos y regañan a sus
hijos. Pronto empiezan los hombres a preguntarse si no habrá ya «suficientes cerdos». Bajan a inspeccionar el *rumbim*
y ver la altura que ha alcanzado. Las quejas de las mujeres
aumentan de tono, y finalmente los hombres acuerdan, con
considerable unanimidad y sin hacer recuento de los cerdos,
que ha llegado el momento de iniciar el *kaiko*.

Durante el *kaiko* celebrado en el año 1963, los tsembaga
sacrificaron las tres cuartas partes del número total de cerdos y consumieron siete octavas partes de su peso total.
Gran parte de esta carne se distribuyó entre los parientes políticos y aliados militares que fueron invitados a participar
en las fiestas a lo largo de todo el año. En los rituales culmi-
nantes celebrados el 7 y el 8 de noviembre de 1963, los tsembaga mataron 96 cerdos, distribuyendo carne y manteca, directa o indirectamente, entre una población estimada en dos
mil o tres mil personas. Los tsembaga se reservaron unas
2.500 libras de carne de cerdo y manteca, es decir, 12 libras
por cada hombre, mujer y niño, cantidad que consumieron
en cinco días consecutivos de glotonería desenfrenada.

Los maring utilizan conscientemente el *kaiko* como una
ocasión para recompensar a sus aliados por la asistencia anterior y ganarse su lealtad en futuras hostilidades. A su vez
los aliados aceptan la invitación al *kaiko* porque les da la
oportunidad de comprobar si sus anfitriones son lo suficientemente prósperos y poderosos para garantizar un apo-

yo continuo; por supuesto, también los aliados anhelan la carne de cerdo.

Los huéspedes se atavían con sus mejores galas. Se adornan con collares de cuentas y conchas, ligas de conchas de cauri en las pantorrillas, pretinas de fibra de orquídea, taparrabos a rayas de color púrpura ribeteados con piel de marsupiales, y montones de hojas en forma de acordeón rematadas con un polisón en sus nalgas. Coronas de plumas de águila y papagayo envuelven sus cabezas, engalanadas con tallos de orquídeas, escarabajos verdes y cauris, y coronadas con un ave del paraíso entera disecada. Cada hombre ha pasado horas enteras pintándose la cara con dibujos originales, y se adorna con la mejor pluma del ave del paraíso, que atraviesa su nariz junto con un disco o la concha dorada en forma de medialuna de una ostra perlífera. Visitantes y anfitriones se pavonean ante los demás danzando en la pista construida expresamente para la ocasión, preparando así el terreno para alianzas amorosas con las espectadoras, así como alianzas militares con los guerreros.

Más de 1.000 personas se apiñaban en el terreno de la danza de los tsembaga para participar en los rituales que siguieron al gran sacrificio de cerdos presenciado por Rappaport en 1963. Paquetes de manteca salada de cerdo se amontonaban como premio especial tras la ventana situada en lo alto de un edificio ceremonial de tres lados colindante con el terreno de danza. En palabras de Rappaport:

Varios hombres subieron a lo alto de la estructura y desde allí proclamaron a la multitud, uno a uno, los nombres y clanes de los hombres homenajeados. Cuando era llamado, el homenajeado cargaba hacia la... ventana blandiendo su hacha y lanzando gritos. Sus partidarios le seguían de cerca dando gritos de guerra, tocando tambores y esgrimiendo armas. Una vez en la ventana, los tsembaga, a los que había ayudado el hombre homenajeado en el último combate, le llenaban la boca con la manteca salada y fría de la panza y le pasaban por la ventana un paquete que contenía más manteca para sus

seguidores. El héroe se retiraba entonces con la manteca colgando
de su boca, y con él sus partidarios, profiriendo gritos, cantando,
tocando los tambores y danzando. Las llamadas se sucedían rápidamente, y los grupos que cargaban hacia la ventana se enredaban a
veces con los que se retiraban.

Todo esto tiene una explicación práctica dentro de los límites establecidos por las condiciones tecnológicas y am-
bientales básicas de los maring. En primer lugar, el ansia de
carne de cerdo es un rasgo perfectamente racional de la vida
de los maring, dada la escasez general de carne en su dieta.
Aunque pueden complementar en ocasiones su dieta de vegetales básicos con ranas, ratas y algunos marsupiales, la carne del cerdo domesticado es su mejor fuente potencial de
proteínas y grasas animales de alta calidad. Esto no significa
que los maring sufran de forma aguda una deficiencia en
proteínas. Al contrario, su dieta de ñames, batatas, taro y
otros alimentos vegetales les proporciona una gran variedad
de proteínas vegetales que satisfacen, aunque no sobrepasan,
los niveles normales de nutrición. Sin embargo, la obtención
de proteínas del cerdo es otra cuestión. En general las proteínas animales están más concentradas y son, desde el punto
de vista metabólico, más eficaces que las vegetales, de ahí que
la carne sea siempre una tentación irresistible para las poblaciones humanas que se limitan principalmente a alimentos
vegetales (nada de queso, leche, huevos o pescado).

Además, hasta cierto punto, la cría de cerdos está bien
fundada en la ecología de los maring. La temperatura y humedad son ideales. El ambiente húmedo y sombreado de las
faldas de las montañas favorece la cría de cerdos y permite a
estos animales obtener una parte fundamental de su alimento hozando libremente en el bosque. La prohibición absoluta
de la carne de cerdo –la solución en el Oriente Medio– sería
una práctica sumamente irracional y antieconómica en estas circunstancias.

Por otro lado, un crecimiento ilimitado de la población

porcina sólo puede acarrear una situación de competencia entre el hombre y el cerdo. En semejantes casos, la cría de cerdos se convierte en una sobrecarga para las mujeres y pone en peligro los huertos de los que depende la supervivencia de los maring. A medida que aumenta la población porcina, las mujeres maring tienen que trabajar cada vez más. Finalmente, se encuentran con que ya no trabajan para alimentar a las personas, sino a los cerdos. Por otra parte, cuando se empieza a explotar tierras vírgenes, la eficiencia de todo el sistema agrícola cae en picado. Éste es el momento adecuado para el *kaiko,* a cuya celebración contribuyen los antepasados cumpliendo la doble función de estimular un esfuerzo máximo en la cría de cerdos y de evitar que éstos acaben con las mujeres y los huertos. Ciertamente, su tarea es más difícil que la de Yahvé o Alá, puesto que siempre es más fácil administrar un tabú total que otro parcial. Sin embargo, la creencia de que debe celebrarse un *kaiko* tan pronto como sea posible para hacer felices a los antepasados, libera efectivamente a los maring de animales que se han vuelto parásitos e impide que la población de cerdos se convierta en «algo demasiado bueno».

Si los antepasados son tan inteligentes, ¿por qué no fijan simplemente un límite al número de cerdos que cada mujer maring puede criar? ¿No sería mejor mantener un número constante de cerdos en vez de permitir que la población de cerdos pase por un ciclo de extremos de escasez y abundancia?

Esta alternativa sería preferible sólo si cada clan de los maring dispusiera de un tipo de agricultura completamente diferente, tuviera gobernantes poderosos y leyes escritas, hubiese alcanzado un crecimiento demográfico cero y careciese de enemigos: en una palabra, si no fueran maring. Nadie, ni siquiera los antepasados, puede predecir qué número de cerdos constituye «algo demasiado bueno», esto es, una cantidad excesiva. El momento en que los cerdos se convierten en una carga no depende de una serie de constantes, sino de un conjunto de variables que cambian cada año. Depende de la población existente en toda la región y en cada clan, de su estado de vigor físico y psicológico, de las dimensiones de su territorio, de la extensión disponible de bosque secundario, y de la situación e intenciones de los grupos enemigos en los territorios vecinos. Los antepasados de los tsembaga no pueden decir simplemente «no criaréis sino cuatro cerdos», puesto que no hay forma de poder garantizar que los antepasados de los kundugai, dimbagai, vimgagai, tuguma, aundagai, kauwasi, monambant y todos los demás se vayan a poner de acuerdo sobre este número. Todos estos grupos han entablado una lucha para hacer valer sus respectivos derechos a una parte de los recursos de la tierra. La guerra y la amenaza de guerra sondean y ponen a prueba estos derechos. El ansia insaciable de cerdos por parte de los antepasados es una consecuencia de esta belicosidad de los clanes maring.

Para dar satisfacción a los antepasados, se debe hacer un esfuerzo máximo no sólo para producir tanto alimento como sea posible, sino también para acumularlo en forma de una piara de cerdos. Este esfuerzo, aun cuando produce excedentes cíclicos de carne de cerdo, aumenta la capacidad del grupo para sobrevivir y defender su territorio.

Esto se consigue de diferentes maneras. En primer lugar, este esfuerzo extra exigido por el ansia de cerdos de los antepasados eleva los niveles de ingestión de proteínas para el grupo entero durante la tregua del *rumbim,* lo que da lugar a una población más alta, más sana y más vigorosa. Además, mediante la celebración del *kaiko* al finalizar la tregua, los antepasados garantizan un consumo de dosis masivas de proteínas y grasas de alta calidad en el período de mayor tensión social, es decir, en los meses que preceden inmediatamente al desencadenamiento de la lucha intergrupal. Finalmente, acumulando grandes cantidades de comida extra en forma de carne de cerdo de gran valor nutritivo, los clanes maring logran atraer y recompensar a aliados cuando más necesidad tienen de ellos: justo antes de estallar la guerra.

Los tsembaga y sus vecinos son conscientes de la relación entre éxito en la cría de cerdos y poderío militar. El número de cerdos sacrificados en el *kaiko* proporciona a los huéspedes una base precisa para evaluar la salud, energía y determinación de los anfitriones. Un grupo que no logre acumular cerdos no se hallará en condiciones de sostener una buena defensa de su territorio, y no atraerá a aliados poderosos. No es una simple premonición irracional de derrota la que se cierne sobre el campo de batalla cuando no se les ofrece a los antepasados suficiente carne de cerdo en el *kaiko*. Rappaport insiste –pienso que correctamente– en que en un sentido ecológico fundamental, el número de cerdos excedentes en un grupo indica su fuerza productiva y militar a la vez que valida o invalida sus derechos territoriales. En otras palabras, desde el punto de vista de la ecología humana, el sistema entero produce una distribución eficiente de plantas, animales y hombres en la región.

Estoy seguro de que muchos lectores van a insistir entonces en que el amor a los cerdos es inadaptativo y sumamente ineficiente, puesto que se ajusta a periódicos estallidos bélicos. Si la guerra es irracional, también lo es entonces el *kaiko*. Una vez más permitidme resistir a la tentación de explicar todas las cosas a la vez. En el próximo capítulo examinaré las causas materiales de la guerra de los maring. Pero de momento permitidme señalar que la porcofilia no es causa de la guerra. Millones de personas que nunca han visto un cerdo emprenden la guerra; y la porcofobia (antigua y moderna) tampoco aumenta de una manera ostensible el carácter pacífico de las relaciones intergrupales en Oriente Medio. Dada la frecuencia de la guerra en la prehistoria e historia del hombre, no podemos sino asombrarnos ante el ingenioso sistema ideado por los «salvajes» de Nueva Guinea para mantener largos períodos de tregua. Después de todo, mientras el *rumbim* de sus vecinos permanece plantado, los tsembaga no tienen que preocuparse de verse atacados. ¡Ojalá pudiéramos decir lo mismo de las naciones que plantan misiles en vez de *rumbim*!

La guerra primitiva

Las guerras que emprenden tribus primitivas dispersas como los maring suscitan dudas acerca de la cordura de los estilos de vida humanos. Cuando las naciones-estado modernas emprenden la guerra, a menudo nos rompemos la cabeza tratando de encontrar su causa precisa, pero rara vez faltan explicaciones alternativas plausibles entre las cuales elegir.

Los libros de historia están repletos de detalles de guerras emprendidas para controlar rutas comerciales, recursos naturales, mano de obra barata o mercados de masas. Las guerras de los imperios modernos pueden ser lamentables, pero no son inescrutables. Esta distinción es básica para la «detente» nuclear actual, que se funda en el supuesto de que las guerras implican algún tipo de equilibrio racional de ganancias y pérdidas. Si Estados Unidos y Rusia van a perder evidentemente más de lo que posiblemente puedan ganar mediante un ataque nuclear, es probable que ninguno de ellos desencadene una guerra como solución a sus problemas. Pero sólo cabe esperar que este sistema impida la guerra si las guerras en general se relacionan con condiciones prácticas y mundanas. La probabilidad de la autoaniquilación no disuadirá de la guerra si ésta se desencadena por razones irracionales e inescrutables. Si las guerras se emprenden, como creen algunos, principalmente porque el hombre es «belicoso» o «agresivo» por instinto, porque es un animal que mata por deporte, por gloria, por venganza, o por puro amor a la sangre y a la excitación violenta, entonces ya podemos ir despidiéndonos de esos misiles.

Los motivos irracionales e inescrutables predominan en las explicaciones actuales de la guerra primitiva. Puesto que la guerra tiene consecuencias mortales para los que participan en ellas, parece presuntuoso dudar que los combatientes saben por qué están combatiendo. Pero la respuesta a nuestros enigmas de la vaca, el cerdo, las guerras o las brujas no se encuentra en la conciencia de los participantes. Los propios beligerantes rara vez captan las causas y consecuencias sistemáticas de sus batallas. Suelen explicar la guerra describiendo los sentimientos y motivaciones personales experimentadas inmediatamente antes del desencadenamiento de las hostilidades. Un jíbaro a punto de ponerse en camino para emprender una cacería de cabezas acoge con satisfacción la oportunidad de capturar el alma del enemigo; el guerrero crow anhela tocar el cuerpo del enemigo fallecido para demostrar su valor; algunos guerreros se inspiran en el pensamiento de la venganza, otros en la perspectiva de comer carne humana.

Estos anhelos exóticos son bastante reales, pero son la consecuencia, no la causa, de la guerra. Movilizan el potencial humano de violencia y ayudan a organizar la conducta guerrera. La guerra primitiva, al igual que el amor a las vacas o el aborrecimiento del cerdo, se funda en una base práctica. Los pueblos primitivos emprenden la guerra porque carecen de soluciones alternativas a ciertos problemas; soluciones alternativas que implicarían menos sufrimiento y menos muertes prematuras.

Los maring, como muchos otros grupos primitivos, explican el desencadenamiento de la guerra por la necesidad

de vengar actos violentos. En todos los casos recogidos por
Rappaport, clanes que antes eran amigos rompieron las hostilidades tras alegar actos específicos de violencia. Las pro-
vocaciones citadas más frecuentemente eran rapto de mujeres, violación, disparar sobre un cerdo en el huerto, robo de
cosechas, caza furtiva y muerte o enfermedad provocada
mediante brujería.

Una vez que dos clanes maring han entablado una guerra
en la que ha habido muertes, nunca les faltará motivo para
reanudar las hostilidades. Cada muerte en el campo de batalla era rumiada por los parientes de la víctima, que sólo quedaban satisfechos tras haber igualado la partida matando a
un enemigo. Cada combate proporcionaba motivo suficiente para el próximo, y los guerreros maring emprendían a
menudo la guerra con el deseo ardiente de matar a determinados miembros del grupo enemigo, es decir, aquellos que
diez años antes habían sido responsables de la muerte del
padre o del hermano.

Ya he relatado parte de la historia de cómo los maring se
preparan para la guerra. Tras arrancar el *rumbim* sagrado,
los clanes beligerantes celebran los grandes festivales del
cerdo en los que intentan reclutar nuevos aliados y consolidar las relaciones con grupos amigos. El *kaiko* es un acontecimiento ruidoso; algunas de sus fases duran meses, de
modo que no es posible lanzar un ataque por sorpresa. De
hecho, los maring esperan que la opulencia de su *kaiko* des-
moralizará a sus adversarios. Ambas partes hacen preparativos para la batalla mucho antes de los primeros encuentros.
Mediante intermediarios se acuerda como terreno adecuado para el combate una zona deforestada localizada en la región fronteriza entre los grupos combatientes. Ambas partes participan por turno en el desbroce de la maleza de este
lugar, iniciándose la lucha el día acordado.

Antes de partir para el terreno del combate, los guerreros
forman un círculo en torno a sus magos de la guerra, quie-

nes se arrodillan junto al fuego, sollozando y conversando con los antepasados. Los magos arrojan trozos de bambú verde a las llamas. Cuando el calor hace que el bambú explote, los guerreros golpean el suelo con los pies, gritan *Ooooooo,* e inician la marcha hacia el campo de batalla en fila india, brincando y cantando en el camino. Las fuerzas que se enfrentan forman en los extremos opuestos del calvero al alcance de sus respectivas flechas. Fijan en el suelo sus escudos de madera del tamaño del hombre, se ponen a cubierto y profieren amenazas e insultos contra el enemigo. De vez en cuando, un guerrero abandona de repente su escudo para insultar a sus adversarios, volviendo a su punto de partida tan pronto como una lluvia de flechas se dirige hacia su posición. En esta primera fase del combate se producen pocas bajas y los aliados de los dos bandos tratan de acabar la guerra tan pronto como alguien resulta herido de gravedad. Si cualquiera de las partes insiste en continuar con la venganza, la lucha se intensifica. Los guerreros utilizan entonces hachas y lanzas; los bandos opuestos se acercan, y en cualquier momento uno de los dos puede precipitarse contra el otro en un intento decidido de provocar muertes.

Tan pronto como se produce una muerte, hay una tregua. Durante un día o dos todos los guerreros permanecen en sus aldeas para realizar rituales funerarios o glorificar a sus antepasados. Pero si ambos bandos siguen igualados, pronto vuelven al terreno de combate. A medida que se prolonga la lucha, los aliados se cansan y están tentados a regresar a sus aldeas. Si se producen más deserciones en un grupo que en otro, la fuerza más poderosa puede intentar atacar a la más débil para expulsarla del campo. El clan más débil recoge sus bienes muebles y se refugia en las aldeas de sus aliados. Anticipando la victoria, los clanes más fuertes pueden tratar de aprovechar la ventaja arrastrándose por la noche hasta la aldea enemiga, prendiéndole fuego y matando tanta gente como encuentren a su paso.

Cuando se produce una derrota, los vencedores no persiguen al enemigo, sino que se dedican a matar a los rezagados, incendiar las viviendas, destruir las cosechas y robar los cerdos. Diecinueve de las veintinueve guerras conocidas entre los maring finalizaron con el aplastamiento de un grupo por otro. Inmediatamente después de un aplastamiento, el grupo victorioso regresa a su aldea, sacrifica el resto de los cerdos y planta el nuevo *rumbim,* con lo que se inicia el período de tregua. No ocupa de un modo directo las tierras del enemigo.

Una derrota decisiva en la que muere mucha gente puede llevar a un grupo a no volver jamás a su antiguo territorio. Las líneas de filiación de los vencidos se funden con las de sus aliados y anfitriones, mientras que los vencedores y los aliados de éstos ocupan su territorio. A veces, el grupo derrotado cede sus tierras fronterizas a los aliados entre los que ha buscado refugio. El profesor Andrew Vayda, que ha estudiado las consecuencias de las guerras en la región de la Cordillera Bismarck, afirma que independientemente de que la derrota infligida a un grupo sea o no decisiva, lo más probable es que éste establezca su nuevo asentamiento lejos de las fronteras enemigas.

Gran parte del interés se centra en la cuestión de si el combate y los ajustes territoriales entre los maring se derivan de lo que se ha llamado vagamente «presión demográfica». Si entendemos por esta expresión la incapacidad absoluta de un grupo para satisfacer los requisitos calóricos mínimos, entonces no podemos decir que exista una presión demográfica en la región maring. Cuando los tsembaga celebraron su festival de cerdos en 1963, la población humana se elevaba a 200 individuos y la porcina a 169. Rappaport calcula que los tsembaga tenían bastantes tierras de bosque sin explotar en su territorio para alimentar una población adicional de 84 personas (o 84 cerdos adultos) sin provocar un daño permanente en el manto forestal o degradar otros aspectos vitales de su hábitat. Pero me opongo a definir la presión demográfica como el inicio de deficiencias nutritivas reales o el inicio real de daños irreversibles en el medio ambiente. En mi opinión, la presión demográfica se produce cuando la población empieza a acercarse al punto de deficiencias calóricas o proteínicas, o cuando empieza a crecer y consumir a un ritmo que más pronto o más tarde degradará y esquilmará la capacidad del medio ambiente para mantener la vida.

El tamaño de la población en el que empiezan a producirse las deficiencias nutritivas y la degradación constituye el límite superior de lo que los ecólogos llaman «capacidad de sustentación» *(carrying capacity)** del hábitat. La mayor parte de las sociedades primitivas poseen, al igual que los maring, mecanismos institucionales para restringir e invertir el crecimiento demográfico por debajo de la capacidad de sustentación. Este descubrimiento ha producido mucha perplejidad. Puesto que grupos humanos concretos reducen

---

* La capacidad de sustentación es un concepto fundamental en la antropología ecológica. Rappaport calcula la capacidad de sustentación del territorio tsembaga, es decir, el máximo número de personas y cerdos que pueden ser sustentados durante un período de tiempo sin modificar el consumo de los individuos tsembaga y sin producir una degradación en el medio ambiente, aplicando la siguiente fórmula recogida de Carneiro:

$$P = \frac{\dfrac{T}{R+Y} \cdot Y}{A}$$

donde: P = es la población que puede ser sustentada; T = total de tierra cultivable; R = duración del período de barbecho en años; Y = duración del período de cultivo en años; A = el área de tierra cultivada requerida para proporcionar a un «individuo medio» la cantidad de alimento que ordinariamente se deriva de plantas cultivadas por año. *(N del T.)*

la población, la producción y el consumo anticipándose a las consecuencias claramente negativas que provoca el rebasar la capacidad de sustentación, algunos expertos sostienen que la presión demográfica no puede ser la causa de estas reducciones. Pero no es necesario observar la obstrucción de una válvula de seguridad y la explosión de una caldera para juzgar que la función de la válvula es impedir normalmente la autodestrucción de la caldera.

Tampoco es gran misterio cómo estos mecanismos interruptores –los equivalentes culturales de los termostatos, las válvulas de seguridad y los interruptores eléctricos– llegaron a formar parte de la vida tribal. Como sucede con otras novedades evolutivas adaptativas, los grupos que inventaron o adoptaron instituciones de este tipo sobrevivieron con más consistencia que los que sobrepasaron el límite de la capacidad de sustentación. La guerra primitiva no es ni caprichosa ni instintiva; constituye simplemente uno de los mecanismos de interrupción que ayudan a mantener las poblaciones humanas en un estado de equilibrio ecológico con sus hábitats.

La mayor parte de nosotros preferiría considerar la guerra no como salvaguardia, sino como amenaza a relaciones ecológicas bien fundadas provocada por una conducta incontrolable e irracional. Muchos amigos míos piensan que es pecado decir que la guerra es una solución racional a cualquier tipo de problemas. Sin embargo, entiendo que mi explicación de la guerra primitiva como adaptación ecológica proporciona más razones para el optimismo, en lo que atañe a las perspectivas de poner fin a la guerra moderna, que las teorías populares en la actualidad de un instinto agresivo. Como he dicho con anterioridad, si las guerras son provocadas por instintos homicidas innatos, entonces poco es lo que cabe hacer para impedirlas. En cambio, si son provocadas por relaciones y condiciones prácticas, entonces podemos reducir la amenaza de guerra modificando estas condiciones y relaciones.

Puesto que no quiero ser tildado de defensor de la guerra, permitidme hacer la siguiente puntualización: afirmo que la guerra es un estilo de vida ecológicamente adaptativo entre los pueblos primitivos, *no* que las guerras modernas sean ecológicamente adaptativas. La guerra actual a base de armas nucleares puede intensificarse hasta el punto de la aniquilación mutua total. Hemos llegado, así, a una fase en la evolución de nuestra especie en la que el próximo gran avance adaptativo debe ser o bien la eliminación de las armas nucleares o bien la eliminación de la guerra misma.

Cabe inferir las funciones reguladoras o mantenedoras del sistema de la guerra maring a partir de diferentes elementos de juicio. En primer lugar, sabemos que la guerra estalla en el momento en que la producción y el consumo se hallan en auge y las poblaciones porcina y humana se recuperan de los bajos niveles alcanzados al finalizar el combate anterior. El festival de cerdos, que actúa como mecanismo de interrupción y las hostilidades posteriores no coinciden con los mismos máximos en cada ciclo. Algunos grupos clánicos intentan hacer valer sus derechos sobre la tierra en niveles situados por debajo de los máximos anteriores como consecuencia de una recuperación desproporcionadamente rápida de los vecinos enemigos. Otros pueden aplazar su festival de cerdos hasta transgredir realmente el umbral de la capacidad de sustentación de su territorio local. Sin embargo, lo importante no consiste en los efectos reguladores de la guerra sobre la población de uno u otro clan, sino sobre la población de la región de los maring en su totalidad.

La guerra primitiva no alcanza sus efectos reguladores principalmente por las muertes ocurridas en el combate. Las bajas habidas no afectan de una manera sustancial al índice de crecimiento demográfico, ni siquiera entre las naciones que practican formas industrializadas de matar. Las decenas de millones de muertes provocadas por las batallas del siglo XX sólo constituyen una ligera vacilación en el implacable empuje ascendente de la curva del crecimiento. Consideremos el ejemplo de Rusia: en el punto culminante de la lucha y del hambre durante la Primera Guerra Mundial y la revolución bolchevique, la correlación entre la población proyectada para tiempos de paz y la población real en época de guerra sólo difería en unos puntos de porcentaje. Una década después de haber cesado la lucha, la población se había recuperado totalmente y volvía justamente al punto de la curva en que habría estado si no hubiera ocurrido la guerra y la revolución. Otro ejemplo: en Vietnam, pese a la intensidad extraordinaria de los combates terrestres y aéreos, la población creció sin interrupción alguna durante la década de los sesenta.

Aludiendo a catástrofes como la Segunda Guerra Mundial, Frank Livingstone, profesor de la Universidad de Michigan, ha afirmado categóricamente: «Cuando consideramos que estos sacrificios sólo ocurren aproximadamente una vez por generación, parece inevitable la conclusión de que no tienen efecto alguno en el crecimiento o tamaño de la población». Una de las razones para esto estriba en que la mujer corriente es muy fecunda y puede parir con facilidad ocho o nueve veces durante los veinticinco a treinta y cinco años en los que puede dar a luz. En la Segunda Guerra Mundial el número total de muertes provocadas por la guerra no superó el 10 por 100 de la población, y un ligero incremento en el número de nacimientos por mujer pudo enjugar con facilidad el déficit en pocos años. (También contribuyó a esto una reducción en las tasas de mortalidad infantil y en la tasa de mortalidad en general.)

No puedo formular ahora las tasas reales de mortalidad provocadas por las guerras entre los maring. Pero entre los yanomamo, una tribu situada en la frontera entre Brasil y Venezuela, y considerada como uno de los grupos primitivos más belicosos del mundo, cerca del 15 por ciento de los adultos mueren como consecuencia de la guerra. En el próximo capítulo relataré muchas cosas sobre los yanomamo.

La razón más importante para subestimar la guerra como
medio de control demográfico consiste en que en cualquier
parte del mundo son los varones los beligerantes y las víctimas principales de los enfrentamientos en el campo de batalla. Entre los yanomamo, por ejemplo, sólo el 7 por ciento de
las mujeres adultas mueren en batalla frente al 33 por ciento
de los varones adultos. Según Andrew Vayda, el aplastamiento más sangriento entre los maring produjo la muerte
de catorce hombres, seis mujeres y tres niños de una población de 300 personas en el clan derrotado. Podemos descartar las muertes de varones en combate puesto que no tienen
prácticamente ningún efecto en el potencial reproductivo de
grupos como los tsembaga. Aun si se exterminara al 75 por
ciento de los varones adultos en una sola batalla, las hembras
supervivientes podrían enjugar con facilidad el déficit en
una sola generación.

Los maring y los yanomamo, al igual que la mayor parte
de las sociedades primitivas, practican la poliginia, lo cual
significa que muchos hombres tienen varias esposas. Todas
las mujeres se casan tan pronto como pueden tener hijos y
permanecen casadas mientras dura su vida reproductiva.
Cualquier varón normal puede dejar embarazadas a cuatro
o cinco mujeres fértiles durante la mayor parte del tiempo.
Cuando fallece un hombre maring, hay muchos hermanos y
sobrinos que esperan incorporar la viuda a su hogar. Incluso
desde el punto de vista de la subsistencia, se puede prescin-
dir totalmente de la mayor parte de los varones, cuya muerte
en combate no crea necesariamente dificultades insuperables a su viuda e hijos. Entre los maring, como ya he mencionado en el capítulo anterior, las mujeres son las que más trabajan en los huertos y en la cría de los cerdos. Esto es cierto
para todos los sistemas de subsistencia basados en la agricultura de tala y quema del mundo. Los hombres contribuyen a las tareas hortícolas quemando el manto del bosque,
pero las mujeres están perfectamente capacitadas para rea-

lizar por sí solas este trabajo pesado. En la mayor parte de las sociedades primitivas, siempre que hay que transportar cargas pesadas –leña o cesta de ñames– se considera a las mujeres, no a los hombres, como «bestias de carga» adecuadas. Dada la aportación mínima de los varones maring a la subsistencia, cuanto mayor es el porcentaje de mujeres en la población, mayor es la eficiencia global de la producción alimentaria. En lo que atañe a la comida, los hombres maring son como los cerdos: consumen mucho más de lo que producen. Las mujeres y los niños comerían mejor si se dedicaran a criar cerdos en vez de hombres.

Por consiguiente, el significado adaptativo de la guerra de los maring no puede radicar en el efecto bruto de las muertes en combate sobre el crecimiento de la población. Al contrario, pienso que la guerra preserva el ecosistema maring mediante dos consecuencias más bien indirectas y menos conocidas. Una de ellas se relaciona con el hecho de que, a resultas de la guerra, los grupos locales se ven forzados a abandonar las áreas de los huertos de primera calidad cuando todavía no han alcanzado el techo de la capacidad de sustentación. La otra consiste en que la guerra incrementa la tasa de mortalidad infantil femenina; y así, pese a la insignificancia demográfica de la mortalidad masculina en combate, la guerra actúa como regulador efectivo del crecimiento de la población regional.

En primer lugar, voy a explicar el abandono de las tierras hortícolas de primera calidad. Hasta años después de producirse un aplastamiento, ni vencedores ni vencidos explotan el área central de los huertos del grupo derrotado, integrado por los mejores lugares de bosque secundario de altitud media. Este abandono, aunque temporal, contribuye a mantener la capacidad de sustentación de la región. Cuando los kundegai derrotaron a los tsembaga en 1953, arrasaron sus huertos, destruyeron los árboles frutales, profanaron los cementerios y los hornos de los cerdos, incendia-

ron casas, sacrificaron todos los cerdos adultos que encontraron y se llevaron a sus aldeas todas las crías de los mismos. Como señala Rappaport, las depredaciones se orienta-
ban a hacer imposible la vuelta de los tsembaga a su propio
territorio en vez de a la adquisición de un botín. Los kundegai, temiendo la venganza de los espíritus ancestrales de los
tsembaga, se retiraron a su propio territorio. Una vez allí,
colgaron ciertas piedras de combate mágicas en bolsas de
red en el interior de un refugio sagrado. Estas piedras sólo se
descolgaban cuando los kundegai se hallaban en situación
de dar gracias a sus propios antepasados en el siguiente festival de cerdos. Mientras las piedras permanecían suspendi-
das, los kundegai temían a los espíritus de los tsembaga y se
abstenían de trabajar sus huertos o cazar en su territorio. Finalmente, sucedió que los mismos tsembaga volvieron a
ocupar las tierras abandonadas. Como ya he dicho, en otras
guerras los vencedores o sus aliados acaban explotando las
tierras abandonadas temporalmente en la huida. Pero, en
cualquier caso, el efecto inmediato de un descalabro militar
consiste en que las zonas del bosque cultivadas de forma intensiva se dejan en barbecho mientras que áreas previamente sin explotar –las zonas fronterizas del territorio del perde-
dor– se ponen en cultivo.

En las tierras altas de Nueva Guinea, así como en todas las
demás regiones forestales tropicales, la tala y quema repetidas de la misma área constituyen una amenaza para la capacidad de recuperación del bosque. Si el intervalo entre sucesivas rozas es muy corto, el suelo se vuelve seco y duro, y los
árboles pueden volver a crecer. Las hierbas invaden el em-
plazamiento de los huertos y todo el hábitat se modifica gradualmente, transformándose el rico bosque primario en
praderas erosionadas y barrancosas que no se pueden explotar mediante una agricultura de tipo tradicional. Sabemos que esta secuencia ha producido millones de acres de
praderas en todo el mundo.

Entre los maring, se ha producido una deforestación relativamente pequeña. Hay algunas zonas de praderas permanentes y de bosques secundarios degradados en el territorio de grupos grandes y agresivos como los kundegai (el grupo responsable del aplastamiento de los tsembaga en 1953). Pero la destrucción de formas de vida consecuencia del intento de forzar al bosque a mantener más cerdos y hombres de los que puede tolerar se evidencia en muchas regiones cercanas de las tierras altas de Nueva Guinea. Por ejemplo, un estudio reciente sobre la región foré meridional emprendido por el doctor Arthur Sorensen, miembro de los Institutos Nacionales de la Salud, muestra que los foré han causado daños irreversibles de gran escala en el hábitat de su bosque primario, en un área de cuatrocientas millas cuadradas de la Cordillera Central. La espesa hierba kunai ha invadido los emplazamientos de huertos y caseríos abandonados, siguiendo al movimiento de asentamiento a medida que se interna en los bosques vírgenes. Cabe constatar una destrucción general del bosque en las regiones en las que se ha practicado la horticultura durante muchos años. En mi opinión, el ciclo regulado por el ritual de guerra, paz del *rumbim* y sacrificio de cerdos, ha ayudado a proteger el hábitat de los maring de un destino similar.

Pese a todos los extraños acontecimientos que tienen lugar durante el ciclo ritual –plantación del *rumbim*, sacrificio de cerdos, suspensión de las piedras de combate mágicas y la misma guerra– el problema que más llama mi atención, que más fascinante me parece, no es otro que el de la regulación temporal. En la región habitada por los maring, los huertos deben quedar en barbecho durante un mínimo de diez a doce años consecutivos antes de poder quemarlos y replantarlos sin peligro de degradarse en pradera. Los festivales del cerdo se celebran también aproximadamente dos veces en cada generación, es decir, cada diez o doce años. Esto no puede ser una simple coincidencia. Por consiguiente, creo que ahora podemos responder al menos a la pregunta: «¿Cuándo tienen los maring cerdos suficientes para dar gracias a los antepasados?» La respuesta es: «Tienen cerdos suficientes cuando el bosque ha vuelto a crecer en el área de los antiguos huertos del grupo vencido».

Los maring, al igual que otros pueblos que practican la tala y la quema, viven de «comerse el bosque»: quemando árboles y cultivando en las cenizas. El ciclo ritual y la guerra ceremonial les impiden «comer» demasiado bosque con excesiva rapidez. El grupo derrotado se retira de las tierras mejor adaptadas por su topografía para la horticultura. Esto permite la regeneración del manto forestal en aquellos sectores que la voracidad de los maring y sus cerdos pone en peligro. Durante la estancia entre sus aliados, los vencidos pueden volver a explotar partes de su territorio, pero en lugares del bosque primario alejados de sus enemigos que no corren peligro alguno. Si consiguen criar muchos cerdos y recuperan su fuerza con ayuda de sus aliados, intentarán volver a ocupar sus tierras y ponerlas de nuevo en plena producción. El ritmo de guerra y paz, fuerza y debilidad, abundancia de cerdos y escasez de cerdos, huertos centrales y huertos periféricos, esto evoca los ritmos correspondientes en todos los clanes vecinos. Aunque los vencedores no tratan de ocupar inmediatamente el territorio del enemigo, plantan los huertos más cerca de la frontera del territorio del enemigo aplastado que antes de la guerra. Lo que todavía es más importante, su población de cerdos se ha reducido drásticamente, lo que provoca al menos una reducción temporal en el índice de crecimiento hacia el umbral de la capacidad de sustentación del territorio. Cuando la población porcina se acerca a su máximo, los vencedores descuelgan las piedras de combate mágicas, arrancan el *rumbim* y se preparan para entrar en el territorio desocupado y regenerado de nuevo, en son de paz si sus enemigos de antes son todavía demasiado débiles para entablar un combate con ellos, o con ánimo vengativo si sus enemigos anteriores se han reforzado.

En las pulsaciones vinculadas de gente, cerdos, huertos y bosques podemos comprender por qué los cerdos adquieren una santidad ritual considerada incompatible con el carácter de los cerdos en otras partes del mundo. Puesto que un cerdo adulto come tanto bosque como un hombre adulto, el sacrificio de cerdos reduce el sacrificio de hombres en el clímax de cada ritmo sucesivo. No es pues de extrañar que los antepasados ansíen los cerdos; de lo contrario, ¡tendrían que «comerse» a sus hijos e hijas!

Queda un problema. Cuando los tsembaga fueron expulsados de su territorio en 1953, buscaron refugio junto a siete grupos locales diferentes. En algunos casos, los clanes junto a los que marcharon a vivir acogieron a «refugiados» adicionales de otras guerras anteriores y posteriores a la derrota de los tsembaga. Parecería, por lo tanto, que la amenaza ecológica a los territorios del grupo aplastado simplemente se había transferido de un lugar a otro, y que los refugiados pronto comenzarían a devorar los bosques de sus anfitriones. De ahí que el simple desplazamiento de la gente no baste para impedir que la población degrade el medio ambiente. Debe haber asimismo algún medio de limitar el crecimiento real de la población. Esto nos lleva a la segunda consecuencia de la guerra primitiva que he mencionado hace un momento.

En la mayor parte de las sociedades primitivas, la guerra es un medio eficaz de control demográfico, ya que un combate intenso y periódico entre grupos favorece la crianza de niños en vez de niñas. Cuanto más numerosos son los varones adultos, más poderosa es la fuerza militar que un grupo dependiente de armas de mano puede reclutar para el campo de batalla y más probabilidad tiene de conservar su territorio frente a la presión ejercida por sus vecinos. Según un estudio demográfico sobre más de 600 poblaciones primitivas realizado por William T. Divale, miembro del Museo

Americano de Historia Natural, hay un desequilibrio permanente extraordinario a favor de los muchachos en los grupos de edades infantil y juvenil (aproximadamente hasta los quince años de edad). La razón media entre muchachos y muchachas es de 150:100, pero algunos grupos tienen incluso el doble de muchachos que de muchachas. La misma razón entre los tsembaga se aproxima a la media de 150:100. Sin embargo, cuando examinamos los grupos de edad adulta, la razón media entre hombres y mujeres en el estudio de Divale se aproxima más a la unidad, lo que sugiere una tasa de mortalidad más elevada para los varones maduros que para las hembras maduras.

Las bajas en combate constituyen la causa más probable de la mayor tasa de mortalidad entre los varones adultos. Entre los maring, las bajas de varones en combate sobrepasan a las de mujeres en una proporción de 10 a 1. Pero, ¿cómo se explica la situación inversa en las categorías de edad infantil y juvenil?

La respuesta de Divale es que muchos grupos primitivos practican el infanticidio femenino manifiesto. Se ahoga a las niñas, o simplemente se las deja abandonadas en el bosque. Pero más frecuentemente, el infanticidio es encubierto, y la gente niega habitualmente que lo practique, lo mismo que los agricultores hindúes niegan que matan a sus vacas. Al igual que la proporción desequilibrada entre bueyes y vacas en la India, la discrepancia entre las tasas de mortalidad infantil femenina y masculina obedece normalmente a una «pauta de negligencia» en el cuidado de las criaturas y no a una agresión directa a la vida de la niña. Incluso una pequeña diferencia en la sensibilidad de la madre a los llantos de los hijos que solicitan alimento o protección podría explicar por acumulación el desequilibrio total en la razón entre varones y hembras.

Únicamente un conjunto sumamente poderoso de fuerzas culturales puede explicar la práctica del infanticidio femenino y el tratamiento preferencial otorgado a las criaturas del sexo masculino. Desde un punto de vista estrictamente biológico, las mujeres son más valiosas que los hombres. La mayor parte de los varones son, por lo que se refiere a la reproducción, superfluos, puesto que basta un solo hombre para dejar embarazadas a cientos de mujeres. Sólo las mujeres pueden dar a luz y amamantar a los niños (en sociedades que carecen de biberones y de fórmulas que sustituyan a la leche materna). De existir algún tipo de discriminación sexual contra las criaturas, prediciríamos que los varones serían las víctimas. Pero sucede al revés. Esta paradoja es más difícil de comprender si admitimos que las mujeres están capacitadas física y mentalmente para realizar todas las tareas básicas de producción y subsistencia con independencia total de cualquier ayuda de los varones. Las mujeres pueden realizar todas las actividades que realizan los hombres, aunque tal vez con alguna pérdida de eficiencia donde se requiere fuerza bruta. Pueden cazar con arcos y flechas, pescar, poner trampas, y talar árboles si se les enseña o se les permite aprender. Pueden transportar y transportan cargas pesadas, pueden trabajar y trabajan en los huertos y campos en todo el mundo. Entre los horticultores de tala y quema como los maring, las mujeres son los principales productores de alimentos. Incluso entre grupos cazadores como los bosquimanos, el trabajo de la mujer subviene a más de dos terceras partes de las necesidades nutritivas del grupo. En cuanto a los inconvenientes asociados con la menstruación y el embarazo, las líderes actuales de los movimientos de liberación de la mujer tienen toda la razón cuando señalan que se pueden eliminar con facilidad estos «problemas» en la mayor parte de las tareas y actividades productivas mediante pequeños cambios en los planes de trabajo. La presunta base biológica de la división sexual del trabajo es completamente absurda. Mientras todas las mujeres de un grupo no se encuentren al mismo tiempo en el mismo período de embarazo, las mujeres podrían administrar perfectamente por sí solas las funciones económicas consideradas como prerrogativa natural del hombre, como, por ejemplo, la caza o el pastoreo.

La única actividad humana, aparte de la sexual, para la cual es indispensable la especialización del varón es el conflicto bélico que requiere armas de mano. En general, los hombres son más altos, más fuertes y más musculosos que las mujeres. Los hombres pueden arrojar una lanza más larga, doblar un arco más fuerte y usar una maza más grande. Los hombres pueden correr también más deprisa, ya sea en el ataque hacia el enemigo o en la retirada. Insistir junto con algunos líderes del movimiento de liberación de la mujer en que las mujeres pueden ser también adiestradas para combatir con armas de mano no altera la situación. Si algún grupo adiestrara a las mujeres en vez de a los hombres como sus especialistas militares, cometería un gran error. Seguramente esta decisión equivaldría a un suicidio, puesto que no conocemos un solo caso auténtico en parte alguna del globo terrestre.

La guerra invierte el valor relativo de la aportación que hombres y mujeres hacen a las perspectivas de supervivencia del grupo. La guerra obliga a las sociedades primitivas a limitar la cría de hembras al favorecer la maximización del número de varones adultos listos para el combate. Es esto, y no el combate *per se,* lo que convierte a la guerra en un medio eficaz de controlar el crecimiento demográfico. Como saben todos los maring, los antepasados ayudan a los que más se ayudan a sí mismos, mandando al terreno de combate a muchos hombres y manteniéndoles allí. Así, me inclino más bien hacia el punto de vista de que el ciclo ritual entero es un «truco» inteligente por parte de los antepasados para conseguir que los maring críen cerdos y hombres en vez de mujeres al objeto de proteger el bosque.

Continuando la búsqueda de las condiciones prácticas

que llevan a la guerra primitiva, todavía he de abordar la cuestión de por qué no se empleaban medios menos violentos para mantener la población del grupo local por debajo de la capacidad de sustentación. Por ejemplo, ¿no hubiera sido mejor para los tsembaga así como para su hábitat si se hubiera limitado su población simplemente mediante alguna técnica de control de la natalidad? La respuesta es no, puesto que antes de la invención del condón en el siglo XVIII no existieron en ninguna parte métodos anticonceptivos seguros, relativamente agradables y eficaces. Con anterioridad, el medio «pacífico» más eficaz para limitar la población, aparte del infanticidio, era el aborto. Muchos pueblos primitivos saben cómo provocar el aborto con brebajes venenosos. Otros enseñan a la mujer embarazada a envolver su vientre con una apretada faja de tela. Cuando falla todo lo demás, la mujer embarazada se tumba sobre la espalda mientras una amiga salta con todas sus fuerzas sobre su abdomen. Estos métodos son bastante eficaces, pero tienen el desagradable efecto secundario de provocar la muerte de la futura madre casi tan a menudo como la muerte del embrión.

Al faltarles métodos seguros y eficaces de anticoncepción o aborto, los pueblos primitivos deben centrar su medio institucionalizado de controlar la población en los individuos vivos. Los niños –cuanto más jóvenes mejor– son las víctimas lógicas de estos esfuerzos, ya que, en primer lugar, no pueden ofrecer resistencia; en segundo lugar, hay menos inversión social y material en ellos; y en tercer lugar, los lazos emocionales con las criaturas son más fáciles de cortar que los existentes entre adultos.

Los que encuentran mi razonamiento depravado o «incivilizado» deberían leer algo sobre la Inglaterra del siglo XVIII. Decenas de millares de madres ebrias de ginebra arrojaban regularmente a sus bebés al Támesis, les envolvían con las ropas de las víctimas de la viruela, les abandonaban en toneles de basura, les asfixiaban al echarse sobre ellos en la cama en el estado de estupor provocado por la embriaguez, o ideaban otros métodos directos o indirectos de acortar la vida de sus criaturas. En nuestra propia época, sólo un grado increíble de obstinación farisaica nos impide admitir que todavía se practica el infanticidio a escala cósmica en las naciones subdesarrolladas, en las que son corrientes tasas de mortalidad infantil en el primer año de 250 por cada mil nacimientos.

Los maring hacen lo mejor que pueden ante una mala situación que ha sido común a toda la humanidad antes del desarrollo de una anticoncepción eficaz y de un aborto seguro en los primeros meses de embarazo. Provocan o toleran una proporción más alta de muertes de criaturas femeninas que de criaturas masculinas. Si no hubiera ninguna discriminación contra las niñas, muchos niños serían víctimas de la necesidad de un control demográfico. La guerra, que favorece la cría del máximo número de varones, es responsable del índice más alto de supervivencia de las criaturas masculinas frente a las femeninas. O sintetizando la cuestión, la guerra es el precio pagado por las sociedades primitivas por criar hijos cuando no pueden permitirse el lujo de criar hijas.

El estudio de la guerra primitiva nos lleva a la conclusión de que la guerra ha formado parte de una estrategia adaptativa vinculada a condiciones tecnológicas, demográficas y ecológicas específicas. No es necesario invocar imaginarios instintos criminales o motivos inescrutables o caprichosos para comprender por qué los combates armados han sido tan corrientes en la historia de la humanidad. Por ello, no cabe sino esperar que ahora cuando la humanidad tiene mucho más que perder de lo que posiblemente pueda ganar con la guerra, otros medios de resolver los conflictos entre grupos la reemplazarán.

El macho salvaje

El infanticidio femenino es una manifestación de la supremacía del varón. A mi entender, se puede mostrar que otras manifestaciones de la supremacía del varón están también arraigadas en las exigencias prácticas del conflicto armado.

Para explicar las jerarquías sexuales debemos elegir de nuevo entre teorías que hacen hincapié en instintos inalterables y teorías que ponen de relieve la adaptatividad de los estilos de vida ante condiciones prácticas y mundanas modificables. Me inclino hacia el punto de vista del movimiento de liberación de la mujer que sostiene que la «anatomía no es el destino», dando a entender que las diferencias sexuales innatas no pueden explicar la distribución desigual de privilegios y poderes entre hombres y mujeres en las esferas doméstica, económica y política. Los movimientos de liberación de la mujer no niegan que la posesión de ovarios en vez de testículos conduce necesariamente a formas diferentes de experimentar la vida. Niegan que haya algo en la naturaleza biológica de los hombres y de las mujeres que por sí solo destine a los varones a gozar de privilegios sexuales, económicos y políticos mayores que los de las mujeres.

Si prescindimos de la concepción y de la especialización sexual relacionada, la asignación de roles sociales en base al sexo no se deriva automáticamente de las diferencias biológicas entre hombre y mujer. Si sólo conociéramos los hechos de la biología y anatomía humanas, no podríamos predecir que las hembras fueran el sexo socialmente subordinado. La especie humana es única en el reino animal, ya que no hay correspondencia entre su dotación anatómica hereditaria y sus medios de subsistencia y defensa. Somos la especie más peligrosa del mundo no porque tengamos los dientes más grandes, las garras más afiladas, los aguijones más venenosos o la piel más gruesa, sino porque sabemos cómo proveernos de instrumentos y armas mortíferas que cumplen las funciones de dientes, garras, aguijones y piel con más eficacia que cualquier simple mecanismo anatómico. Nuestra forma principal de adaptación biológica es la cultura, no la anatomía. No cabe esperar que los hombres dominen a las mujeres por el mero hecho de ser más altos y más fuertes, más de lo que cabe esperar que la especie humana sea gobernada por el ganado vacuno o los caballos, animales cuya diferencia de peso con respecto al marido corriente es treinta veces superior a la existente entre éste y su esposa. En las sociedades humanas, el dominio sexual no depende de qué sexo alcanza un mayor tamaño o es innatamente más agresivo, sino de qué sexo controla la tecnología de la defensa y de la agresión.

Si sólo conociera la anatomía y capacidades culturales de los hombres y de las mujeres, me inclinaría a pensar que serían las mujeres, y no los hombres, quienes controlarían la tecnología de la defensa y de la agresión, y que si un sexo tuviera que subordinarse a otro, sería la hembra quien dominaría al varón. Aunque quedaría impresionado por el dimorfismo físico –mayor altura, peso y fuerza de los varones– en especial en relación con las armas que se manejan con la mano, todavía me causaría mayor asombro algo que las hembras tienen y que los hombres no pueden conseguir, a saber, el control del nacimiento, el cuidado y la alimentación de los niños. En otras palabras, las mujeres controlan la crianza, y gracias a ello pueden modificar potencialmente cualquier estilo de vida que las amenace. Cae dentro de su poder de negligencia selectiva el producir una proporción entre los sexos que favorezca mucho más a las hembras que a los varones. También tienen el poder de sabotear la «masculinidad» de los varones, recompensando a los chicos por ser pasivos en vez de agresivos. Cabría esperar que las mujeres centraran sus esfuerzos en criar hembras solidarias y agresivas en vez de varones, y por añadidura, que los pocos supervivientes masculinos de cada generación fueran tímidos, obedientes, trabajadores y agradecidos por los favores sexuales. Predeciría que las mujeres monopolizarían la dirección de los grupos locales, serían responsables de las relaciones chamánicas con lo sobrenatural, y que Dios sería llamado ELLA. Finalmente, esperaría que la forma de matrimonio ideal y más prestigioso sería la poliandria, en la cual una sola mujer controla los servicios sexuales y económicos de varios hombres.

Algunos teóricos que vivieron en el siglo XIX postularon en realidad este tipo de sistemas sociales dominados por las mujeres como la condición primordial de la humanidad. Por ejemplo, Friedrich Engels, quien tomó sus ideas del antropólogo americano Lewis Henry Morgan, creía que las sociedades modernas habían pasado por una fase de matriarcado en la cual la filiación se trazaba exclusivamente por la línea femenina y en la que las mujeres dominaban políticamente a los hombres. En la actualidad muchos movimientos de liberación de la mujer continúan creyendo en este mito y en sus consecuencias. Probablemente, los varones subordinados rechazaron y derrocaron a las matriarcas, les arrebataron sus armas y, desde entonces, han estado conspirando para explotar y degradar al sexo femenino. Algunas mujeres que

admiten este tipo de análisis arguyen que sólo una contra-
conspiración militante, equivalente a una especie de guerra
de guerrillas entre los sexos, podría instaurar el equilibrio
entre el poder y la autoridad masculinos y femeninos.

Hay un planteamiento incorrecto en esta teoría: nadie ha
podido demostrar jamás un solo caso que fuera representa-
tivo del verdadero matriarcado. La única evidencia para esta
fase, prescindiendo de los antiguos mitos de las amazonas,
es que aproximadamente de un 10 a un 15 por ciento de las
sociedades del mundo trazan el parentesco y la filiación exclusivamente a través de las hembras. Pero el cálculo de la filiación a través de las hembras es la matrilinealidad, no el
matriarcado. Aunque la posición de la mujer en los grupos
de parentesco matrilineales tiende a ser relativamente buena, faltan los rasgos principales del matriarcado. Son los varones, en definitiva, quienes dominan la vida económica, civil y religiosa, y quienes gozan del acceso privilegiado a
varias esposas a la vez. Si el padre no es la principal autoridad dentro de la familia, tampoco lo es la madre. La figura
autoritaria en las familias matrilineales es otro varón: el hermano de la madre (o el hermano de la madre de la madre o
bien el hijo de la hermana de la madre de la madre).

El predominio de la guerra acaba con la lógica que constituye la premisa de la predicción del matriarcado. Las mujeres están capacitadas teóricamente para resistir e, incluso,
subyugar a los varones a los que ellas mismas han alimenta-
do y socializado; pero los varones criados en otra aldea o tribu presentan un tipo diferente de desafío. Tan pronto como
los varones empiezan, por la razón que sea, a llevar el peso
del conflicto intergrupal, las mujeres no tienen otra opción
que criar el mayor número posible de varones feroces.

La supremacía del varón es un caso de «realimentación
positiva» o de lo que se ha llamado «amplificación de la desviación»: el proceso que se produce cuando las instalaciones
de micrófonos y altavoces recogen y reamplifican sus pro-

pias señales, produciendo chirridos que parecen taladrar la cabeza. Cuanto más feroces son los varones, mayor es el número de guerras emprendidas y mayor la necesidad de los mismos. Asimismo cuanto más feroces son los varones, mayor es su agresividad sexual, mayor la explotación de las hembras y mayor la incidencia de la poliginia, el control que ejerce un solo hombre sobre varias esposas. A su vez, la poliginia agrava el déficit de mujeres, aumenta el nivel de frustración entre los varones jóvenes, e incrementa la motivación para ir a la guerra. La amplificación alcanza un clímax intolerable; se desprecia y se mata en la infancia a las mujeres, lo que obliga necesariamente a los hombres a emprender la guerra para capturar esposas y poder criar así un mayor número de hombres agresivos.

Para comprender la relación entre machismo y guerra es mejor que examinemos los estilos de vida de un grupo específico de sexistas militares primitivos. He elegido a los yanomamo, un grupo tribal de unos 10.000 amerindios que habita en la frontera entre Brasil y Venezuela. Napoleon Chagnon, profesor de la Universidad Estatal de Pensilvania y principal etnógrafo de los yanomamo, los ha denominado el «pueblo feroz». Todos los observadores que han estado alguna vez en contacto con ellos están de acuerdo en que constituyen una de las sociedades más agresivas, belicosas y orientadas hacia el varón que existe en el mundo.

En el momento en que un varón yanomamo típico alcanza la madurez, su cuerpo está cubierto de heridas y cicatrices como consecuencia de innumerables peleas, duelos e incursiones militares. Aunque desprecian mucho a las mujeres, los hombres yanomamo siempre están peleándose por actos reales o imaginarios de adulterio y por promesas incumplidas de proporcionar esposas. También el cuerpo de las mujeres yanomamo se halla cubierto de cicatrices y magulladuras, la mayor parte de ellas producto de encuentros violentos con seductores, violadores y maridos. Ninguna

mujer yanomamo escapa a la tutela brutal del típico esposo-
guerrero yanomamo, fácilmente encolerizable y aficionado
a las drogas. Todos los hombres yanomamo abusan físicamente de sus esposas. Los esposos amables sólo las magu-
llan y mutilan; los feroces las hieren y matan.

Un modo favorito de intimidar a la esposa es tirar de los
palos de caña que las mujeres llevan a modo de pendientes
en los lóbulos de las orejas. Un marido irritado puede tirar
con tanta fuerza que el lóbulo se desgarra. Durante el trabajo
de campo de Chagnon, un hombre que sospechaba que su
mujer había cometido adulterio fue más lejos y le cortó las
dos orejas. En una aldea cercana, otro marido arrancó un
trozo de carne del brazo de su mujer con un machete. Los
hombres esperan que sus esposas les sirvan, a ellos y a sus
huéspedes, y respondan con prontitud y sin protestar a todas sus exigencias. Si una mujer no obedece con bastante
prontitud, su marido le puede pegar con un leño, asestarle
un golpe con su machete, o aplicar una brasa incandescen-
te a su brazo. Si un marido está realmente encolerizado,
puede disparar una flecha con lengüeta contra las pantorrillas o nalgas de su esposa. En un caso registrado por Chagnon, la flecha se desvió penetrando en el estómago de su
mujer, lo que a punto estuvo de provocarle la muerte. Un
hombre llamado Paruriwa, furioso porque su mujer tardaba
mucho en complacerle, cogió un hacha y le intentó golpear
con ella. Su mujer esquivó el golpe y se alejó gritando. Paruriwa le arrojó el hacha, que pasó silbando junto a su cabeza.
Entonces la persiguió con su machete y logró desgarrarle la
mano antes de que pudiera intervenir el jefe de la aldea.

Muchas veces se desencadena violencia contra las mujeres
sin que medie provocación alguna. Chagnon piensa que
algo de esto tiene que ver con la necesidad sentida por los
hombres de demostrarse unos a otros que son capaces de
matar. La «imagen» de un hombre cobra fuerza si pega públicamente a su mujer con un palo. Además, las mujeres son

utilizadas simplemente como chivos expiatorios adecuados. Un hombre que deseaba realmente desahogar su ira
contra su hermano disparó en cambio su flecha contra su
propia mujer; apuntó hacia una parte no vital, pero la flecha
se desvió y la mató.

Las mujeres que huyen de sus maridos sólo pueden esperar una protección limitada por parte de sus parientes masculinos. La mayor parte de los matrimonios se contratan entre hombres que han acordado intercambiar hermanas. El
cuñado de un hombre suele ser su pariente más próximo e
importante. Ambos pasan muchas horas en mutua compañía, soplándose mutuamente polvos alucinógenos en las narices, y tendidos juntos en la misma hamaca. En un caso relatado por Chagnon, el hermano de una mujer fugitiva se irritó
tanto con su hermana por perturbar la relación de camarade-
ría que le dispensaba su marido que la golpeó con su hacha.

Un aspecto importante de la supremacía masculina entre
los yanomamo es el monopolio que los varones detentan sobre el uso de drogas alucinógenas. Ingiriendo estas drogas
(la más corriente, *ebene,* se obtiene de una enredadera de la
jungla), los hombres tienen visiones sobrenaturales que las
mujeres no pueden experimentar. Estas visiones les permiten convertirse en chamanes, entrar en contacto con los demonios y controlar así las fuerzas malévolas. La inhalación
de *ebene* sirve también para insensibilizar a los hombres a
dolores extremos y para ayudarles a superar sus temores
cuando se realizan duelos e incursiones. La aparente inmu-
nidad al dolor demostrada durante los duelos a golpes en el
pecho o a palos, que describiremos a continuación, se deriva
probablemente de los efectos secundarios analgésicos de las
drogas. Los hombres que han estado «viajando» presentan
una visión impresionante antes de desmayarse o caer en estupor. De sus narices gotea un moco verdoso; emiten extraños ruidos en forma de gruñidos, andan a gatas y conversan
con demonios invisibles.

Como sucede en las tradiciones judeo-cristianas, los ya-nomamo justifican el machismo con el mito de sus orígenes. Al principio del mundo, dicen, sólo había hombres feroces, hechos con la sangre de la luna. Uno de estos primeros hombres, cuyas piernas quedaron embarazadas, se llamaba Kanaborama. De la pierna izquierda de Kanaborama salieron mujeres y de su pierna derecha hombres femeninos: los ya-nomamo que son reacios a los duelos y cobardes en el campo de batalla.

Como sucede en otras culturas dominadas por el varón, los yanomamo creen que la sangre menstrual es mala y peligrosa. Cuando una muchacha tiene su primera menstruación, la encierran en una jaula de bambú construida expresamente para esto y la obligan a pasar sin alimentos. Después debe aislarse en todos los períodos menstruales y permanecer en cuclillas sola en la sombra de la casa.

Las mujeres son tomadas como víctimas desde la infancia. Cuando el hermano pequeño de una muchacha le pega, ésta es castigada si le devuelve los golpes. Sin embargo, los muchachos pequeños nunca son castigados por pegar a alguien. Los padres yanomamo gritan de placer cuando sus hijos de cuatro años, enojados, les golpean en la cara.

He considerado la posibilidad de que la descripción realizada por Chagnon sobre los roles sexuales de los yanomamo reflejara en parte el propio sesgo masculino del etnógrafo. Afortunadamente, los yanomamo han sido estudiados también por una mujer. La doctora Judith Shapiro, profesora de la Universidad de Chicago, también pone de relieve el papel esencialmente pasivo de las mujeres yanomamo. Relata que en lo que atañe al matrimonio, los hombres son claramente quienes intercambian, mientras que las mujeres son las intercambiadas. Traduce el término yanomamo para el matrimonio por «llevarse algo a rastras» y divorcio por «desprenderse de algo». Relata que a la edad de ocho o nueve años, las muchachas ya empiezan a servir a sus maridos; duermen junto a ellos, les siguen a todas partes y les preparan la comida. Un hombre puede incluso intentar tener relaciones con su novia de ocho años. La doctora Shapiro presenció escenas aterradoras en las que las pequeñas muchachas suplicaban a sus parientes que las separaran de sus maridos asignados. En un caso, se llegó a descoyuntar los brazos de una novia reacia, ya que sus propios parientes tiraban de un lado mientras que los parientes de su marido tiraban del otro.

Chagnon afirma que las mujeres yanomamo esperan ser maltratadas por sus maridos y que miden su estatus como esposas por la frecuencia de las pequeñas palizas que les propinan sus maridos. Una vez sorprendió a dos mujeres jóvenes discutiendo sobre las cicatrices de su cuero cabelludo. Una de ellas le decía a la otra cuánto la debía querer su marido puesto que la había golpeado en la cabeza con tanta frecuencia. Al referirse a su propia experiencia, la doctora Shapiro cuenta que su condición sin cicatrices y sin magulladuras suscitaba el interés de las mujeres yanomamo. Afirma que decidieron «que los hombres a los que había estado vinculada no me querían en realidad bastante». Aunque no podemos concluir que las mujeres yanomamo desean que se las pegue, podemos decir que lo *esperan*. Encuentran difícil imaginar un mundo en el que los maridos sean menos brutales.

La intensidad particular del síndrome machista de los yanomamo halla su mejor expresión en sus duelos, en los que dos hombres tratan de herirse mutuamente hasta el límite de su resistencia. La forma predilecta de infligir este castigo mutuo es descargar golpes en el pecho.

Imaginemos una arremolinada y vociferante multitud de hombres con los cuerpos pintados con dibujos rojos y negros, con plumas blancas pegadas a su cabello y mostrando los penes sujetos por una cuerda a sus vientres. Esgrimen arcos y flechas, hachas, palos y machetes, que baten ruidosamente mientras se amenazan mutuamente. Los hombres, divididos en anfitriones y huéspedes, se han reunido en el calvero central de una aldea yanomamo, observados ansiosamente por sus mujeres e hijos, que están detrás bajo los aleros de la gran vivienda circular comunitaria. Los anfitriones acusan a los huéspedes de robar en los huertos. Éstos gritan que los anfitriones son tacaños y que reservan los mejores alimentos para sí. Los huéspedes ya han recibido sus regalos de despedida, ¿por qué, pues, no han vuelto a casa? Para librarse de ellos, los anfitriones les desafían a un duelo a golpes en el pecho.

Un guerrero de la aldea de los anfitriones se adentra en el centro del calvero. Separa las piernas, coloca las manos en la espalda y saca su pecho hacia el grupo oponente. Un segundo hombre sale de entre los huéspedes y entra en la arena. Examina a su adversario con tranquilidad y le manda que cambie su postura. Dobla el brazo izquierdo de la víctima hasta que descanse en la cabeza, evalúa la nueva postura y realiza un último ajuste. Cuando su oponente está situado adecuadamente, el huésped se coloca a la distancia correcta de un brazo, fijando y hundiendo su punto de apoyo en la tierra endurecida, haciendo repetidas fintas hacia adelante para examinar la distancia y comprobar su equilibrio. Entonces, inclinándose hacia atrás como un lanzador de *baseball,* concentra toda su fuerza y peso en su puño apretado para descargarlo contra el pecho de su víctima entre el pezón y el hombro. El hombre golpeado se tambalea, dobla las rodillas, mueve la cabeza, pero sigue silencioso e inexpresivo. Sus seguidores vociferan: «¡Otro!» La escena se repite. El primer hombre, que ya exhibe un enorme verdugón en su músculo pectoral, vuelve a su posición. Su adversario le alinea, examina la distancia, se inclina hacia atrás y descarga un segundo golpe en el mismo lugar. Las rodillas del receptor se doblan, cayendo al suelo. El atacante agita sus brazos sobre la cabeza en señal de victoria y danza alrededor de la víctima, emitiendo feroces gruñidos y moviendo sus pies con tal rapidez que se convierten en una mancha perdida en el polvo, mientras sus seguidores gritan y hacen restañar sus armas, dando saltos desde su posición en cuclillas. Los camaradas del hombre caído le instan de nuevo a recibir más castigo. Por cada golpe que recibe, podrá devolver otro. Cuantos más golpes reciba, más podrá devolver y más probabilidades tendrá de lisiar a su adversario o de hacerle abandonar. Después de recibir otros dos golpes, el pecho izquierdo del primer hombre se ha inflamado y puesto rojo. En medio de los rugidos de delirio de sus seguidores, indica entonces que ya ha recibido bastante, exigiendo al adversario que se esté quieto para recibir su merecido.

La escena concreta que he descrito se basa en el informe de Napoleon Chagnon, testigo ocular de los hechos. Como sucede en muchos otros duelos de este tipo, condujo a una escalada de la violencia tan pronto como un grupo empezó a derrotar al otro. Los anfitriones se quedaban sin pechos utilizables, pero no estaban dispuestos a iniciar propuestas de paz. Así, desafiaron a los huéspedes a otro tipo de duelo: pegar con la palma de la mano en los costados. En éste la víctima ha de aguantar inmóvil mientras el oponente le golpea con la mano abierta justamente debajo de las costillas. Los golpes en esta zona paralizan el diafragma y la víctima cae al suelo jadeante e inconsciente. En este caso concreto, la visión de camaradas favoritos tumbados boca abajo en el polvo pronto enfureció a ambos grupos; los hombres de ambos bandos comenzaron a armar sus flechas con puntas de bambú envenenado. Estaba anocheciendo, y las mujeres y los niños prorrumpieron en llantos, echando a correr detrás de los hombres, quienes formaron una cortina protectora. Respirando con fuerza, anfitriones y huéspedes se encaraban en el calvero. Chagnon observaba detrás de una línea de arqueros. Con profundo alivio vio cómo los huéspedes cogían tizones incandescentes de leña y se retiraban lentamente de la aldea hacia la oscuridad de la jungla.

A veces se produce una fase intermedia en la escalada de los duelos de golpes en el pecho. Los adversarios empuñan piedras y se asestan contundentes golpes que les hacen escupir sangre. Otra forma de entretenerse los anfitriones y sus aliados consiste en entablar duelos con machetes. Parejas de adversarios se turnan golpeándose mutuamente con la superficie plana de la hoja. El más pequeño desliz provoca una lesión grave y nuevas confrontaciones violentas.

El siguiente nivel de violencia es el combate con palos. Un hombre que tiene una rencilla con otro desafía a su adversario a que le golpee en la cabeza con un palo de ocho a diez pies de largo en forma de taco de billar. El desafiador clava su propio palo en el suelo, se apoya en él e inclina la cabeza. El adversario agarra su palo por el extremo delgado, golpeando con la parte gruesa la coronilla ofrecida con una fuerza capaz de aplastar los huesos. El receptor que ha aguantado un golpe tiene derecho a aprovechar la oportunidad inmediata de golpear con la misma fuerza a su contrincante.

Chagnon relata que la coronilla típica de los yanomamo está cubierta de grandes y repugnantes cicatrices. Al igual que los antiguos prusianos, los yanomamo están orgullosos de estos recuerdos de los duelos. Se afeitan la parte superior de la cabeza para que sean visibles y frotan la zona calva con pigmentos rojos de forma que cada cicatriz destaque con claridad. Si un varón yanomamo vive hasta los cuarenta años, su cabeza puede estar atravesada por veinte grandes cicatrices. Chagnon indica que, vista desde arriba, la cabeza de un contendiente veterano en estos duelos con palos «se parece a un mapa de carreteras».

Los duelos son tan corrientes entre hombres que residen en la misma aldea como entre hombres procedentes de aldeas vecinas. Hasta los parientes próximos recurren con frecuencia a combates armados para resolver sus disputas. Chagnon observó por lo menos un encuentro entre un padre y su hijo. El joven se había comido algunas bananas que su padre había colgado para que maduraran. Cuando se descubrió el hurto, el padre se enfureció, arrancó un palo de los cabrios de su casa y golpeó violentamente la cabeza de su hijo. Éste arrancó otro con el que atacó a su padre. En un momento, toda la gente de la aldea había tomado partido y se asestaban golpes los unos a los otros. A medida que se generalizaba la pelea, se encresparon los ánimos, produciéndose muchos dedos contusionados y hombros magullados, así como cráneos lacerados. Estas reyertas suelen estallar en cualquier duelo tan pronto como los espectadores vislumbran abundante cantidad de sangre.

Los yanomamo conocen aún otro nivel de escalada pero sin llegar al homicidio: el combate con lanzas. Hacen lanzas con árboles jóvenes de seis pies de largo, que descortezan, decoran con dibujos rojos y negros y les sacan una larga punta. Estas armas pueden provocar heridas graves, pero son relativamente ineficaces para producir muertes.

La guerra es la expresión última del estilo de vida de los yanomamo. A diferencia de los maring, los yanomamo no parecen disponer de ningún medio para establecer un tipo de tregua segura. Instituyen una serie de alianzas con aldeas vecinas, pero las relaciones intergrupales se ven perturbadas por la eterna desconfianza, los rumores maliciosos y los actos de traición consumada. Ya he mencionado la clase de distracción que se ofrecen mutuamente los aliados en sus fiestas. Se supone que estos acontecimientos consolidan amistades, pero incluso el mejor aliado se comporta de una manera feroz y agresiva para no dejar duda alguna sobre el valor de la aportación de cada grupo a la alianza. Debido a todo el pavoneo, jactancia y ostentación sexual que tienen lugar en una fiesta presuntamente amistosa, no es posible predecir cómo acabará hasta que el último huésped ha vuelto a casa. Todos los participantes son también profundamente conscientes de algunos incidentes famosos en los que las aldeas de los anfitriones planeaban deliberadamente ex-

terminar a sus huéspedes o en los que los huéspedes, entre-
viendo esta posibilidad, planeaban masacrar a los anfitriones. En 1950, muchos parientes de la aldea que organizó el
duelo de golpes en el pecho que acabo de describir, fueron
víctimas de un célebre festín traicionero. Habían ido a una
aldea, situada a una distancia de dos días de viaje de la suya,
para concertar una nueva alianza. Sus anfitriones les permitieron danzar como si nada ocurriera. Más tarde entraron
en la casa para descansar, siendo entonces atacados con hachas y palos. Murieron doce hombres. Cuando los supervivientes huían precipitadamente de la aldea fueron atacados
de nuevo por una fuerza que había permanecido oculta en la
jungla, matando e hiriendo a varios hombres más.

Los yanomamo siempre están preocupados por la traición;
sus alianzas no se establecen con arreglo a un conjunto compartido de intereses en gente o recursos, sino más bien sobre
la base de las últimas vicisitudes de su suerte militar. Si una aldea sufre un grave revés militar, es probable que sea atacada
repetidas veces, incluso por sus aliados de antes. La única esperanza para una aldea que ha perdido varios hombres en el
combate es ir a vivir junto a sus aliados. Pero ningún grupo
ofrece refugio por razones sentimentales. Los aliados esperan
que el grupo derrotado haga donaciones de mujeres como recompensa por la seguridad y el alimento temporales.

Emboscadas, festines traicioneros e incursiones furtivas
al amanecer constituyen las modalidades características de
la guerra de los yanomamo. Una vez que sobrepasan la fase
de jactancia y duelos, su objetivo es matar tantos hombres
enemigos y capturar tantas mujeres enemigas como sea posible, sin sufrir ellos mismos ninguna baja. En una incursión, los guerreros yanomamo se aproximan al enemigo
sigilosamente durante la noche, sin encender ninguna lum-
bre, y aguardan tiritando hasta el amanecer en la oscuridad
de la húmeda jungla. En un acto supremo de valentía, un
guerrero yanomamo puede deslizarse hasta la aldea enemi-

ga y matar a una persona que duerme en una hamaca. En otros casos, los incursores se contentan con matar a los hombres que acompañan a sus mujeres a buscar agua al río. Si el enemigo está alerta y sólo se desplaza en grandes grupos, el grupo incursor dispara a ciegas una lluvia de flechas sobre la aldea y después se retira a la suya sin esperar a conocer los resultados. Las incursiones parecen ser incesantes. Durante la estancia de Chagnon, cierta aldea sufrió más de veinticinco ataques en quince meses. La capacidad de supervivencia de Chagnon en estas circunstancias es algo más que extraordinaria: constituye un gran tributo a su habilidad y valor como etnógrafo.

¿Por qué pelean tanto los yanomamo? El mismo profesor Chagnon no ha ofrecido razones satisfactorias. En esencia, él acepta las explicaciones que ofrecen los yanomamo. Éstos dicen que la mayor parte de los duelos, incursiones y otros brotes de violencia son provocados por disputas sobre las mujeres. Evidentemente, hay déficit de mujeres. Pese al hecho de que una cuarta parte de los varones mueren en combate, el número de hombres supera al de mujeres en la proporción de 120 a 100. Para agravar más las cosas, los jefes y otros hombres que gozan de una reputación especial por su ferocidad poseen cuatro o cinco esposas a la vez. En general, alrededor del 25 por ciento de los hombres tienen dos o más esposas. Debido a que los padres prometen en matrimonio a sus hijas en edad infantil con personajes influyentes de más edad para obtener favores o para saldar la obligación de reciprocidad contraída al adquirir sus propias esposas, todas las mujeres sexualmente maduras de la aldea están casadas. Esto deja a muchos jóvenes sin fuente posible de gratificación heterosexual, salvo el adulterio. Los jóvenes, los futuros hombres feroces, arreglan citas con esposas descontentas o intimidadas en la noche. A la mañana siguiente, se encuentran a escondidas en la jungla cuando mucha gente abandona la aldea para defecar y orinar.

Un marido yanomamo compartirá de buena gana una de sus esposas con hermanos y camaradas más jóvenes. Pero los varones que tienen acceso a mujeres mediante el préstamo de esposas están en deuda con el marido y tendrán que compensarle con servicios o mujeres capturadas en la batalla. El joven que busca fama no debe colocarse en una posición de dependencia; prefiere, en cambio, engatusar e intimidar a las mujeres casadas de la aldea para llegar a un arreglo clandestino. Como las muchachas yanomamo ya están prometidas, incluso antes de empezar a menstruar, todos los jóvenes yanomamo codician activamente las esposas de sus vecinos. Los maridos se enfurecen cuando descubren una cita, no tanto por los celos sexuales, sino porque el varón adúltero debería haber compensado al marido con regalos y servicios.

La captura de mujeres durante las incursiones sobre aldeas enemigas es uno de los principales objetivos de la guerra entre los yanomamo. Tan pronto como un grupo realiza con éxito una incursión y se siente a salvo de la persecución, los guerreros violan en grupo a las mujeres cautivas. Cuando regresan a su aldea, entregan las mujeres a los hombres que han permanecido en sus hogares; éstos las vuelven a violar en grupo. Después de muchos regateos y discusiones, los incursores asignan las mujeres cautivas como esposas a guerreros particulares.

Una de las historias más aterradoras sobre los yanomamo es la relatada por Elena Valero, una mujer brasileña capturada por grupo incursor cuando tenía diez años. Poco después, los hombres que la habían capturado comenzaron a pelearse entre sí. Una facción aplastó a la otra, mató a todos los niños pequeños golpeando sus cabezas contra las piedras y se llevaron las mujeres supervivientes a sus hogares. Elena Valero pasó la mayor parte del resto de su infancia y juventud huyendo de un grupo de incursores para ser capturada por otro, volviendo a huir de éste, ocultándose en la jungla de sus perseguidores, y volviendo a ser capturada y asignada a diferentes maridos. Resultó herida dos veces por flechas con puntas envenenadas con curare, y tuvo varios hijos antes de lograr huir finalmente a un centro misionero situado en el río Orinoco.

El déficit de mujeres, los esponsales de criaturas, el adulterio, la poliginia y la captura de mujeres, todo parece apuntar al sexo como la causa de la guerra entre los yanomamo. Sin embargo, encuentro un hecho persistente, obstinado, que esta teoría no puede explicar: el déficit de mujeres se ha creado artificialmente. Los yanomamo exterminan constantemente un gran porcentaje de sus bebés de sexo femenino, no sólo mediante negligencia selectiva, sino también mediante actos específicos de asesinato.

Los hombres exigen que su hijo primogénito sea varón. Las mujeres matan a sus hijas hasta que pueden presentar un hijo varón. Después, tal vez eliminen a las criaturas de ambos sexos. Las mujeres matan a sus hijos estrangulándoles con enredaderas, saltando sobre los dos extremos de un palo colocado sobre la garganta de la criatura, golpeando su cabeza contra un árbol, o simplemente dejándola valerse por sí misma en la jungla. El efecto neto del infanticidio y otras formas más benignas de la selección sexual es una proporción sexual en la juventud de 154 varones por cada 100 hembras. Dadas las penalidades que deben sufrir los hombres para conseguir una esposa, tiene que haber una fuerza muy poderosa –una fuerza diferente y más poderosa que la del sexo– que les lleve a destruir la misma fuente y objeto de todos sus apetitos y luchas.

El factor mistificador del infanticidio y la guerra entre los yanomamo es la ausencia aparente de presión demográfica y una superabundancia aparente de recursos. Los yanomamo obtienen su principal fuente de calorías de los plátanos y de los bananos que crecen en sus huertos. Al igual que los maring, deben quemar el bosque para poder cultivar estos

huertos. Pero las bananas y los plátanos no son como los ñames o las batatas. Son plantas perennes que proporcionan
altos rendimientos por unidad de *input* de trabajo durante
muchos años consecutivos. Puesto que los yanomamo viven
en medio del mayor bosque tropical del mundo, las pocas
quemas que realizan no amenazan con «devorar los árboles». Una aldea típica sólo alberga de 100 a 200 personas, una
población que podría cultivar fácilmente suficientes bananas o plátanos en huertos cercanos sin tener que desplazarse
jamás. Sin embargo, las aldeas yanomamo están siempre
desplazándose, escindiéndose y trasladando sus huertos a
un ritmo muy superior al de otros pueblos de la selva ama-
zónica que practican la agricultura de roza.

Chagnon afirma que se escinden y se desplazan con tanta
frecuencia porque se pelean por las mujeres y siempre están
en guerra. Sugiero que es casi más correcto decir que se pelean por las mujeres y están siempre en guerra porque se
desplazan con tanta frecuencia. Los yanomamo no son horticultores típicos de tala y quema. Sus antepasados eran cazadores y recolectores nómadas que vivían lejos de los principales ríos, en pequeñas bandas dispersas que dependían
de los productos silvestres del bosque como fuente principal
de subsistencia. Podemos estar seguros de que sólo en tiempos más o menos recientes han empezado a depender de las
bananas y los plátanos como alimentos básicos, puesto que
estas plantas fueron introducidas en el Nuevo Mundo por
colonos portugueses y españoles. Hasta fechas recientes, los
principales centros de las poblaciones amerindias del Amazonas estaban localizadas a lo largo de los principales ríos y
sus afluentes. Tribus como los yanomamo vivían en el interior y no se dejaban ver por los pueblos ribereños, que tenían grandes aldeas permanentes y canoas que les conferían
gran movilidad. A finales del siglo XIX, la última de las grandes aldeas indias ribereñas fue destruida como consecuencia del comercio del caucho y de la difusión de la coloniza-

ción brasileña y venezolana. Los únicos indios que sobrevivieron en áreas extensas del Amazonas fueron indios «pie», cuyo estilo de vida nómada les protegía de las enfermedades y fusiles del hombre blanco.

Hoy por hoy los yanomamo exhiben signos inequívocos de su reciente estilo de vida como indios «pie». No saben cómo construir las canoas o remar con pagayas, aunque sus principales asentamientos se ubican en la actualidad a orillas o cerca de los ríos Orinoco y Mavaca. Pescan poco, aunque estas aguas son habitualmente ricas en peces y animales acuáticos. No saben cómo fabricar pucheros de cocinar, aunque los plátanos se preparan mejor cociéndolos. Y, finalmente, no saben cómo manufacturar hachas de piedra, aunque en la actualidad dependen de las hachas de acero para plantar sus huertos de plátanos.

A continuación voy a presentar un informe algo especulativo de la historia reciente de este pueblo. Los yanomamo nómadas que vivían en las lejanas montañas entre Venezuela y Brasil empezaron a experimentar con huertos de bananas y plátanos. Estos cultivos produjeron un gran incremento en la cantidad de calorías alimentarias per cápita. Como consecuencia, la población de los yanomamo también comenzó a crecer: hoy en día son uno de los grupos indios más populosos de toda la cuenca del Amazonas. Pero los plátanos y las bananas tienen un defecto notable: son claramente deficientes en proteínas. Antes, como cazadores nómadas, los yanomamo satisfacían fácilmente su necesidad de proteínas consumiendo animales del bosque, como tapires, ciervos, pecarís, osos hormigueros, armadillos, monos, pacas, agutíes, cocodrilos, lagartos, serpientes y tortugas. Con el crecimiento en la densidad demográfica provocado por la eficiencia de la horticultura, estos animales se cazaron con una intensidad sin precedentes. Como es bien sabido, las poblaciones de animales del bosque se exterminan fácilmente o se alejan con la caza intensiva. En la época anterior al contacto, las tribus amazónicas con poblaciones densas evitaron una consecuencia similar explotando la pesca de sus hábitats ribereños. Sin embargo, los yanomamo no pudieron hacer lo mismo.

Los especialistas amazónicos Jane y Eric Ross sugieren que las constantes fisiones y venganzas de sangre *(feuding)* entre las aldeas yanomamo tienen su explicación en la escasez de proteínas, no en los excedentes libidinales. Estoy de acuerdo. Los yanomamo «se han comido el bosque» –no sus árboles, sino sus animales– y están sufriendo las consecuencias en forma de intensificación de la guerra, traición e infanticidio, y una brutal vida sexual.

Los mismos yanomamo tienen dos palabras para el hambre: una denota un estómago vacío y la otra un estómago lleno que ansía carne. El hambre de carne es un tema constante en el canto y la poesía yanomamo, y la carne es el foco de sus festines. Según relato de su cautiverio de Elena Valero, uno de los pocos medios de que dispone una mujer para poder humillar a un hombre era quejarse de su pobre actuación como cazador. Los cazadores deben alejarse cada vez más de las aldeas yanomamo para no volver con las manos vacías. Son necesarias expediciones de diez o doce días para retornar con cantidades importantes de grandes animales. El mismo Chagnon nos cuenta que participó en una expedición de caza que duró cinco días en una zona en la que «no se ha cazado durante décadas» sin recoger carne suficiente para alimentar siquiera a los miembros de la expedición. Puesto que la típica aldea yanomamo está a menos de un día de camino de la aldea vecina más cercana, las expediciones prolongadas cruzan y vuelven a cruzar, inevitablemente, los territorios de caza utilizados por otras aldeas. Estas aldeas compiten por el mismo recurso escaso y éste no consiste en mujeres, sino en proteínas.

Prefiero esta solución al enigma del macho salvaje, pues explica en términos prácticos por qué las mujeres yanomamo colaboran activamente en su propia explotación matando y descuidando más a sus hijas que a sus hijos. Es verdad que los hombres yanomamo prefieren los segundos a las primeras. Una mujer que decepciona a su marido por no criar hijos caerá indudablemente en desgracia ante él y correrá el riesgo de ser golpeada más a menudo. Sin embargo, creo que las mujeres, si les interesa, podían invertir fácilmente la proporción entre los sexos en favor de las hembras. Las mujeres dan a luz en el bosque, lejos de la aldea, sin que los hombres estén presentes. Esto significa que podrían practicar el infanticidio selectivo de los varones con toda impunidad después del nacimiento de su primer hijo. Además, no les falta infinidad de oportunidades de practicar la negligencia selectiva contra todos sus hijos varones sin correr el riesgo de que sus maridos lo descubran o tomen represalias.

Por lo menos puedo citar un buen ejemplo de cómo las mujeres pueden ejercer un control soberano sobre la proporción entre los sexos. Chagnon dice que una vez vio cómo una «madre joven, bien alimentada y regordeta», consumía un alimento (probablemente puré de plátanos) que fácilmente podría comer una criatura. Junto a ella estaba su hijo de dos años «demacrado, sucio y casi muerto de hambre», que extendía la mano en busca de algo de este alimento. Chagnon preguntó a la madre por qué no daba de comer a su hijo; ésta le explicó que había padecido un caso grave de diarrea algún tiempo atrás y había dejado de dar de mamar. Como consecuencia, la leche de la madre se había agotado y no tenía nada para darle. Decía que no servirían otros alimentos porque «no sabía cómo comerlos». Chagnon insistió entonces «en que compartiera su alimento con el hijo». El niño comió vorazmente, lo que llevó a Chagnon a concluir que lo «estaba dejando morir de hambre lentamente».

La razón práctica y mundana para matar y descuidar sistemáticamente a más niñas que niños no puede consistir sencillamente en que los hombres obligan a las mujeres a ha-

cerlo. Hay demasiadas oportunidades, como ilustra el ejemplo que he acabado de presentar, para eludir y burlar los de-
seos del hombre en esta cuestión. Más bien, la base efectiva
de las prácticas de crianza de las mujeres yanomamo es su
propio interés en criar más muchachos que muchachas. Este
interés está arraigado en el hecho de que ya hay demasiados
yanomamo en relación con su capacidad para explotar su
hábitat. Una proporción mayor de hombres respecto a mujeres significa más proteínas per cápita (puesto que los
hombres son los cazadores) y una tasa menor de crecimiento demográfico. También significa más guerras, pero la
guerra es el precio que pagan los yanomamo, al igual que
los maring, por criar hijos cuando no pueden criar hijas.
Sólo que los primeros pagan mucho más caro este privile-
gio, puesto que ya han degradado la capacidad de sustentación de su hábitat.

Algunos movimientos de liberación de la mujer que reconocen la función de la guerra en relación con el sexismo insisten, sin embargo, en que las mujeres son las víctimas de
una conspiración masculina, puesto que sólo se les enseña a
los hombres cómo matar con armas. Les gustaría saber por
qué no se les enseña también a las mujeres las artes marcia-
les. ¿Una aldea yanomamo en la que tanto los hombres como
las mujeres esgrimieran arcos y palos no sería una fuerza de
combate más imponente que otra en la que las mujeres simplemente se apiñan en la oscuridad esperando su destino?

¿Por qué debe concentrarse el esfuerzo de embrutecimiento en los hombres? ¿Por qué no se enseña a hombres y
mujeres a manejar la tecnología de la agresión? Éstas son
preguntas importantes. Pienso que la respuesta tiene que ver
con el problema de adiestrar a los seres humanos –de uno u
otro sexo– a ser despiadados y feroces. A mi modo de ver,
hay dos estrategias clásicas que utilizan las sociedades para
hacer a la gente cruel. Una es estimular la crueldad ofrecien-
do alimentos, confort y salud corporal como recompensa a

las personalidades más crueles. La otra consiste en otorgar-
les los mayores privilegios y recompensas sexuales. De estas
dos estrategias, la segunda es la más eficaz porque la privación de alimentos, confort y salud corporal es contraprodu-
cente desde el punto de vista militar. Los yanomamo necesitan gente con una fuerte motivación para matar, pero deben
ser fuertes y robustos si quieren cumplir sus funciones sociales. El sexo es el mejor refuerzo para condicionar personalidades crueles, puesto que la privación sexual aumenta
en lugar de disminuir la capacidad de lucha.

Mi argumento se opone aquí a mucha pseudociencia concebida según la imagen de nuestros propios machistas tribales, tales como Sigmund Freud, Konrad Lorenz y Robert Ar-
drey. Nuestra sabiduría recibida en esta cuestión consiste en
que los varones son naturalmente más agresivos y feroces
porque el papel del sexo masculino es evidentemente agresivo. Pero el vínculo entre sexo y agresión es tan artificial
como el vínculo entre infanticidio y guerra. El sexo es fuente
de energía agresiva y comportamiento cruel sólo porque los
sistemas sociales machistas expropian las recompensas sexuales, las distribuyen entre los varones agresivos y las niegan a los varones no agresivos, pasivos.

Francamente, no veo ninguna razón por la que no se podría imponer el mismo tipo de embrutecimiento a las mujeres. El mito de la mujer maternal, tierna, pasiva por instinto,
es simplemente un eco creado por la mitología machista
concerniente a la crueldad instintiva de los hombres. Si sólo
se permitiera a las hembras «masculinizadas» y feroces tener
relaciones sexuales con los varones, no tendríamos dificultad alguna en lograr que todos creyeran que las hembras son
agresivas y crueles por naturaleza.

Si se utiliza el sexo para estimular y controlar el comportamiento agresivo, entonces se sigue que ambos sexos no
pueden embrutecerse simultáneamente en el mismo grado.
Uno u otro sexo debe ser adiestrado a ser dominante. Am-

bos no pueden serlo a la vez. Embrutecer a ambos equivaldría a provocar una guerra declarada entre los dos sexos. Entre los yanomamo esto significaría una lucha armada entre hombres y mujeres por el control de unos sobre otros como recompensa por sus hazañas en el campo de batalla. En otras palabras, para hacer del sexo una recompensa al valor, se debe enseñar a uno de los sexos a ser cobarde.

Estas consideraciones me llevan a una ligera corrección del paradigma de los movimientos de liberación de la mujer: «la anatomía no es el destino». La anatomía humana *es* el destino bajo ciertas condiciones. Cuando la guerra era un medio destacado de control demográfico y cuando la tecnología de la guerra consistía principalmente en primitivas armas de mano, los estilos de vida machistas estaban necesariamente en ascenso. En la medida en que ninguna de estas condiciones vale para el mundo actual, los movimientos de liberación de la mujer tienen razón cuando predicen el declive de los estilos de vida machistas. Debo agregar que el ritmo de este declive y las perspectivas últimas de igualdad sexual dependen de la eliminación ulterior de las fuerzas policiales y militares convencionales. Esperemos que esto ocurra como consecuencia de la eliminación de la necesidad de policía o personal militar y no como consecuencia de perfeccionar tácticas bélicas que no dependan de la fuerza física. En poco superaríamos a los yanomamo si el resultado neto de la revolución sexual fuera una posición segura para las mujeres al frente de las partidas de la porra o de los puestos de mando nucleares.

El *potlatch*

Algunos de los estilos de vida más enigmáticos exhibidos en el museo de etnografía del mundo llevan la impronta de un extraño anhelo conocido como el «impulso de prestigio». Según parece, ciertos pueblos están tan hambrientos de aprobación social como otros lo están de carne. La cuestión enigmática no es que haya gentes que anhelen aprobación social, sino que en ocasiones su anhelo parece volverse tan fuerte que empiezan a competir entre sí por el prestigio como otras lo hacen por tierras o proteínas o sexo. A veces esta competencia se hace tan feroz que parece convertirse en un fin en sí misma. Toma entonces la apariencia de una obsesión totalmente separada de, e incluso opuesta directamente a, los cálculos racionales de los costos materiales.

Vance Packard tocó una fibra sensible cuando describió a los Estados Unidos como una nación de buscadores competitivos de estatus. Parece ser que muchos americanos pasan toda su vida intentando ascender cada vez más alto en la pirámide social simplemente para impresionar a los demás. Se diría que estamos más interesados en trabajar para conseguir que la gente nos admire por nuestra riqueza que en la misma riqueza, que muy a menudo no consiste sino en baratijas de cromo y objetos onerosos o inútiles. Es asombroso el esfuerzo que las gentes están dispuestas a realizar para obtener lo que Thorstein Veblen describió como la emoción vicaria de ser confundidas con miembros de una clase que no tiene que trabajar. Las mordaces expresiones de Veblen «consumo conspicuo» y «despilfarro conspicuo» recogen con exactitud un sentido del deseo especialmente intenso de «no ser menos que los vecinos» que se oculta tras las incesantes alteraciones cosméticas en las industrias de la automoción, de los electrodomésticos y de las prendas de vestir.

A principios del siglo actual, los antropólogos se quedaron sorprendidos al descubrir que ciertas tribus primitivas practicaban un consumo y un despilfarro conspicuos que no encontraban parangón ni siquiera en la más despilfarradora de las modernas economías de consumo. Hombres ambiciosos, sedientos de estatus competían entre sí por la aprobación social dando grandes festines. Los donantes rivales de los festines se juzgaban unos a otros por la cantidad de comida que eran capaces de suministrar, y un festín tenía éxito sólo si los huéspedes podían comer hasta quedarse estupefactos, salir tambaleándose de la casa, meter sus dedos en la garganta, vomitar y volver en busca de más comida.

El caso más extraño de búsqueda de estatus se descubrió entre los amerindios que en tiempos pasados habitaban las regiones costeras del sur de Alaska, la Columbia Británica y el estado de Washington. Aquí los buscadores de estatus practicaban lo que parece ser una forma maniaca de consumo y despilfarro conspicuos conocida como *potlatch*. El objeto del *potlatch* era donar o destruir más riqueza que el rival. Si el donante del *potlatch* era un jefe poderoso, podía intentar avergonzar a sus rivales y alcanzar admiración eterna entre sus seguidores destruyendo alimentos, ropas y dinero. A veces llegaba incluso a buscar prestigio quemando su propia casa.

Ruth Benedict ha hecho famoso el *potlatch* en su libro

Patterns of Culture, que describe cómo funcionaba el *pot-latch* entre los kwakiutl, habitantes aborígenes de la isla de Vancouver. Benedict pensaba que el *potlatch* formaba parte de un estilo de vida megalómano característico de la cultura kwakiutl en general. Era «la taza» que Dios les había otorgado para que bebieran de ella. Desde entonces, el *potlatch* ha sido un monumento a la creencia de que las culturas son las creaciones de fuerzas inescrutables y personalidades perturbadas. Como consecuencia de la lectura de *Patterns of Culture,* los expertos en muchos campos concluyeron que el impulso de prestigio hacía completamente imposible cualquier intento de explicar los estilos de vida en términos de factores prácticos y mundanos.

Quiero mostrar aquí que el *potlatch* kwakiutl no era el resultado de caprichos maniacos, sino de condiciones económicas y ecológicas definidas. Cuando estas condiciones están ausentes, la necesidad de ser admirados y el impulso de prestigio se expresan en prácticas de estilos de vida completamente diferentes. El consumo no conspicuo sustituye al consumo conspicuo, se prohíbe el despilfarro conspicuo y no hay buscadores competitivos de estatus.

Los kwakiutl solían vivir en aldeas de casas de madera, próximas a la costa y en medio de bosques de lluvias de cedros y abetos. Pescaban y cazaban en los fiordos y estrechos salpicados de islas de Vancouver en enormes canoas. Siempre ávidos de atraer a los comerciantes, hacían destacar sus aldeas erigiendo en la playa los troncos de árboles esculpidos que erróneamente hemos llamado «postes totémicos». Los grabados en estos postes simbolizaban los títulos ancestrales que reivindicaban los jefes de la aldea.

Un jefe kwakiutl nunca estaba satisfecho con el respeto que le dispensaban sus propios seguidores y jefes vecinos. Siempre estaba inseguro de su estatus. Es verdad que los títulos de la familia que reivindicaba pertenecían a sus antepasados. Pero había otras gentes que podían trazar la filiación desde los mismos antepasados y que tenían derecho a rivalizar con él por el reconocimiento como jefe. Por tanto, todo jefe se creía en la obligación de justificar y validar sus pretensiones a la jefatura, y la manera prescrita de hacerlo era celebrar *potlatches*. Estos eran ofrecidos por un jefe anfitrión y sus seguidores en honor de otro jefe, que asistía en calidad de huésped, y sus seguidores. El objeto del *potlatch* era mostrar que el jefe anfitrión tenía realmente derecho a su estatus y que era más magnánimo que el huésped. Para demostrarlo, donaba al jefe rival y a sus seguidores una gran cantidad de valiosos regalos. Los huéspedes menospreciaban lo que recibían y prometían dar a cambio un nuevo *potlatch* en el cual su propio jefe demostraría que era más importante que el anfitrión anterior, devolviendo cantidades todavía mayores de regalos de más valor.

Los preparativos para el *potlatch* exigían la acumulación de pescado seco y fresco, aceite de pescado, bayas, pieles de animales, mantas y otros objetos de valor. El día fijado, los huéspedes remaban en sus canoas hasta la aldea del anfitrión y penetraban en la casa del jefe. Allí se atiborraban de salmón y bayas silvestres, mientras les entretenían danzarines disfrazados de dioses castor y pájaros-trueno.

El jefe anfitrión y sus seguidores disponían en montones bien ordenados la riqueza que se iba a distribuir. Los visitantes miraban hoscamente a su anfitrión, quien se pavoneaba de un lado para otro, jactándose de lo que les iba a dar. A medida que iba contando las cajas de aceite de pescado, las cestas llenas de bayas, y los montones de mantas, comentaba en plan burlón la pobreza de sus rivales. Finalmente, los huéspedes, cargados de obsequios, eran libres de regresar en sus canoas a su propia aldea. Herido en su amor propio, el jefe huésped y sus seguidores prometían desquitarse. Esto sólo se podía conseguir invitando a sus rivales a participar en un nuevo *potlatch* y obligándoles a aceptar cantidades de objetos de valor aún mayores que las recibidas con anterioridad.

Si consideramos todas las aldeas kwakiutl como una sola unidad, el *potlatch* estimulaba un flujo incesante de prestigio y objetos de valor que circulaban en direcciones opuestas.

Un jefe ambicioso y sus seguidores tenían rivales de *potlatch* en varias aldeas diferentes a la vez. Especialistas en el cómputo de los bienes vigilaban de cerca lo que se debía realizar en cada aldea para igualar la partida. Aunque un jefe lograra vencer a sus rivales en un lugar, todavía tendría que enfrentarse a sus adversarios en otro.

En el *potlatch,* el jefe anfitrión solía decir cosas como éstas: «Soy el único gran árbol. Que venga vuestro contador de bienes para que en vano trate de contar la riqueza que se va a distribuir.» Entonces los seguidores del jefe exigían silencio a los huéspedes, advirtiéndoles: «Tribus, no hagáis ruido. Callaos o provocaremos una avalancha de riqueza de nuestro jefe, la montaña sobresaliente.» En algunos casos, no se distribuían mantas y otros objetos de valor, sino que se destruían. A veces los jefes célebres por su magnificencia decidían dar «festines de grasa», en los que vertían cajas de aceite, obtenido del enlacon o «pez bujía», al fuego situado en el centro de la casa. Mientras las llamas chisporroteaban, un humo oscuro y denso llenaba la habitación. Los huéspedes permanecían impasibles en sus asientos o incluso se quejaban del ambiente frío mientras el destructor de riqueza declamaba: «Soy el único en la tierra, el único en el mundo entero que consigue elevar este humo desde el comienzo del año hasta el final para las tribus invitadas». En algunos festines de grasa, las llamas incendiaban los tablones del tejado y toda la casa se convertía en una ofrenda de *potlatch,* causando la mayor de las vergüenzas entre los huéspedes y gran regocijo entre los anfitriones.

Según Ruth Benedict, el anhelo obsesivo de estatus de los jefes kwakiutl era la causa de los *potlatch.* «Juzgados por las pautas de otras culturas –escribía– los discursos de sus jefes son pura megalomanía. El objeto de todas las empresas de los kwakiutl era mostrarse superior a los rivales.» Según su opinión, todo el sistema económico aborigen del Noroeste del Pacífico «estaba al servicio de esta obsesión».

Pienso que Benedict se equivocaba. El sistema económico de los kwakiutl no estaba puesto al servicio de la rivalidad de estatus; antes bien, la rivalidad de estatus se orientaba al servicio del sistema económico.

Todos los ingredientes básicos de los festines kwakiutl, salvo sus aspectos destructivos, están presentes en las sociedades primitivas ampliamente dispersas por partes diferentes del mundo. En su núcleo fundamental el *potlatch* es un festín competitivo, un mecanismo casi universal para asegurar la producción y distribución de riqueza entre pueblos que todavía no han desarrollado plenamente una clase dirigente.

Melanesia y Nueva Guinea ofrecen la mejor oportunidad para estudiar la donación de festines competitivos en condiciones relativamente prístinas. En toda esta región, están los llamados «grandes hombres» *(big men),* que deben su estatus superior al gran número de festines que cada uno ha patrocinado durante su vida. Los hombres que aspiren a tal condición deben realizar un esfuerzo intensivo para acumular la riqueza necesaria que exige la donación de un festín.

Por ejemplo, entre el pueblo de habla kaoka de las Islas Salomón, el individuo sediento de estatus inicia su carrera mandando a su esposa e hijos cultivar huertos de ñame más grandes. Como ha descrito el antropólogo australiano Ian Hogbin, el kaoka que desea convertirse en un «gran hombre» consigue que sus parientes y compañeros de edad le ayuden a pescar. Después, pide a sus amigos cerdas y aumenta el tamaño de su piara. Cuando han nacido las crías, aloja los animales adicionales entre sus vecinos. Pronto parientes y amigos presienten que el joven va a tener éxito. Ven sus grandes huertos y su gran piara de cerdos y redoblan sus propios esfuerzos para hacer memorable el próximo festín.

Desean que el joven candidato recuerde que ellos le han ayudado cuando se convierta en un «gran hombre». Finalmente todos se reúnen y construyen una casa muy hermosa. Los hombres emprenden una última expedición de pesca. Las mujeres recogen ñames y leña, hojas de bananas y cocos. Cuando llegan los huéspedes (como sucede con el *potlatch*), la riqueza está repartida en montones bien ordenados y se exhibe para que todos la cuenten y admiren.

El día en que un joven llamado Atana dio un festín Hogbin contó los siguientes artículos: doscientas cincuenta libras de pescado seco, tres mil tartas de ñame y coco, once grandes cuencos de budín de ñame y ocho cerdos. Todo esto era el resultado directo del esfuerzo de trabajo extra organizado por Atana. Pero algunos de los huéspedes, anticipando un acontecimiento importante, trajeron presentes que se agregaron a los artículos anteriores. Sus aportaciones elevaron el total a trescientas libras de pescado, cinco mil tartas, diecinueve cuencos de budín y trece cerdos. Atana procedió a dividir esta riqueza en doscientas cincuenta y siete partes, una para cada persona que le había ayudado o le había traído regalos, recompensando a algunos más que a otros. «Atana sólo se quedó con los restos», señala Hogbin. Esto es normal entre los buscadores de estatus en Guadalcanal, donde siempre se dice: «El donante del festín se queda con los huesos y las tartas estropeadas; la carne y la manteca es para los otros».

La actividad del «gran hombre», al igual que la de los jefes del *potlatch*, no conoce descanso. Ante la amenaza de verse reducido al estatus de plebeyo, el «gran hombre» está siempre atareado con los planes y preparativos para el siguiente festín. Puesto que hay varios «grandes hombres» por aldea y comunidad, estos planes y preparativos llevan a menudo a complejas maquinaciones competitivas para obtener el apoyo de parientes y vecinos. Los «grandes hombres» trabajan y se preocupan más, pero consumen menos que cualquier otro. El prestigio es su única recompensa.

Podemos describir al «gran hombre» como un empresario-trabajador –los rusos les llaman «stajanovistas»– que presta importantes servicios a la sociedad al aumentar el nivel de producción. Como consecuencia de su anhelo de estatus, hay más gente que trabaja mucho más y produce más alimentos y otros objetos de valor.

En condiciones en las que todos tienen igual acceso a los medios de subsistencia, la donación de festines competitivos cumple la función práctica de impedir que la fuerza de trabajo retroceda a niveles de productividad que no ofrecen ningún margen de seguridad en crisis tales como la guerra o la pérdida de cosechas. Además, puesto que no hay instituciones políticas formales capaces de integrar las aldeas independientes en una estructura económica común, la donación de festines competitivos crea una extensa red de expectativas económicas. Esto tiene como consecuencia aunar el esfuerzo productivo de poblaciones mayores que las que puede movilizar una aldea determinada. Finalmente, la donación de festines competitivos actúa como un compensador automático de las fluctuaciones anuales en la productividad entre un conjunto de aldeas que ocupan diferentes microambientes: hábitats de la costa, de lagunas o de altiplanos. Automáticamente, los festines más importantes de un año dado tendrán como anfitriones a las aldeas que han gozado de las condiciones de pluviosidad, temperatura y humedad más favorables para la producción.

Todos estos puntos se aplican a los kwakiutl. Los jefes kwakiutl se asemejan a los «grandes hombres» melanesios, salvo en que operaban con un inventario tecnológico mucho más productivo y en un medio ambiente más rico. Como éstos, competían entre sí para atraer hombres y mujeres a sus aldeas. Los jefes de rango más alto eran los mejores proveedores y daban los *potlatch* más importantes. Los seguidores del jefe participaban indirectamente en su prestigio y le ayudaban a conseguir honores más altos. Los jefes mandaban esculpir los «postes totémicos». Éstos eran en realidad anuncios grandiosos cuya altura y audaz traza proclamaban que allí había una aldea con un jefe poderoso capaz de realizar grandes obras, y de proteger a sus seguidores del hambre y de la enfermedad. Al reivindicar los derechos hereditarios a los timbres de animales esculpidos en los postes, los jefes estaban diciendo en realidad que eran grandes proveedores de alimentos y confort. El *potlatch* era un medio de comunicar a sus rivales que o igualaran sus logros o se callaran.

Pese a la tensión competitiva manifiesta del *potlatch*, éste servía en los tiempos aborígenes para transferir alimentos y otros objetos de valor de centros con alta productividad a aldeas menos afortunadas. Podría decir esto incluso de una manera más fuerte: gracias al impulso competitivo, se aseguraban estas transferencias. Debido a las fluctuaciones impredecibles en las migraciones de los peces y en las cosechas de frutos silvestres y de vegetales, la donación de *potlatches* entre aldeas constituía una ventaja desde el punto de vista de la población regional como un todo. Cuando los peces desovaban en ríos cercanos y las bayas maduraban al alcance de la mano, los huéspedes del último año se convertían en los anfitriones del presente año. En los tiempos aborígenes el *potlatch* significaba que todos los años los ricos daban y los pobres recibían. Todo lo que un pobre tenía que hacer para comer era admitir que el jefe rival era un «gran hombre».

¿Por qué escapó a la atención de Ruth Benedict la base práctica del *potlatch*? Los antropólogos comenzaron a estudiar el *potlatch* mucho tiempo después que los pueblos aborígenes del Noroeste del Pacífico entablaran relaciones comerciales y de trabajo asalariado con los comerciantes y colonos rusos, ingleses, canadienses y americanos. Este contacto provocó rápidamente epidemias de viruela y otras enfermedades europeas que exterminaron una gran parte de la población nativa. Por ejemplo, la población de los kwakiutl disminuyó de 23.000, en 1836, a 2.000, en 1886. Este descen-

so intensificó automáticamente la competencia por la mano
de obra. Al mismo tiempo, los salarios pagados por los europeos inyectaron cantidades de riqueza sin precedentes en
la red del *potlatch.* Los kwakiutl recibieron de la Compañía
de la Bahía de Hudson millares de mantas a cambio de pieles de animales. En los grandes *potlatch,* estas mantas sustituyeron a los alimentos como el artículo más importante a
donar. La población en descenso pronto se encontró con
más mantas y objetos de valor que los que podían consumir.
Sin embargo, la necesidad de atraer a seguidores era mayor
que nunca, debido a la escasez de mano de obra. De ahí que
los jefes del *potlatch* ordenaran la destrucción de los bienes
con la vana esperanza de que estas espectaculares demostra-
ciones de opulencia atrajeran de nuevo a la gente a las aldeas
vacías. Pero éstas eran prácticas de una cultura en vías de
desaparición que luchaba por adaptarse a un nuevo conjunto de condiciones políticas y económicas; guardaban poca
semejanza con el *potlatch* de los tiempos aborígenes.

La donación de festines competitivos tal como es concebida, narrada e imaginada por los participantes difiere mucho de la donación de festines competitivos considerada
como adaptación a las oportunidades y constreñimientos
materiales. En la elaboración onírica social –la conciencia
de los participantes de los estilos de vida– constituye una
manifestación del anhelo insaciable de prestigio del «gran
hombre» o del jefe del *potlatch.* Pero desde el punto de vista
adoptado en este libro, el anhelo insaciable de prestigio es
una manifestación de la donación de festines. Cada sociedad
se sirve de la necesidad de aprobación social, pero no todas
las sociedades vinculan el prestigio con el éxito en la donación de festines competitivos.

Para comprender adecuadamente su papel como fuente
de prestigio debemos abordar este hecho desde la perspectiva evolutiva. Los «grandes hombres» como Atana o los jefes kwakiutl llevan a cabo una forma de intercambio eco-

nómico conocida como redistribución. Es decir, reúnen los resultados del esfuerzo productivo de muchos individuos y después redistribuyen la riqueza acumulada en cantidades diferentes entre un grupo distinto de personas. Como he dicho, el «gran hombre» o redistribuidor kaoka trabaja mucho y se preocupa más, pero consume menos que cualquier otro en la aldea. No cabe decir lo mismo del jefe-redistribuidor kwakiutl. Los jefes importantes del *potlatch* realizaban las funciones empresariales y directivas necesarias para un gran *potlatch*, pero prescindiendo de alguna que otra expedición de pesca o de caza de leones marinos, dejaban el trabajo duro para sus seguidores. Los jefes más importantes del *potlatch* tenían incluso cautivos de guerra trabajando para ellos como esclavos. Desde el punto de vista de los privilegios de consumo, los jefes kwakiutl habían empezado a invertir la fórmula de los kaoka, quedándose con algo de la «carne y la manteca» para sí y dejando la mayor parte de los «huesos y las tartas estropeadas» para sus seguidores.

Siguiendo la línea evolutiva que conduce desde Atana, el «gran hombre» trabajador-empresario empobrecido, hasta los jefes kwakiutl semi-hereditarios, terminamos en las sociedades estatales gobernadas por reyes hereditarios que no realizan ningún trabajo industrial o agrícola básico y que guardan para sí la mayor parte y lo mejor de todas las cosas. A este nivel imperial, los poderosos gobernantes por derecho divino mantienen su prestigio construyendo vistosos palacios, templos y gigantescos monumentos, y hacen valer sus derechos a los privilegios hereditarios contra todos los posibles aspirantes, no mediante el *potlatch*, sino por la fuerza de las armas. Si invertimos la dirección, podemos pasar de los reyes a los jefes del *potlatch* y a los «grandes hombres», y de éstos a los estilos de vida igualitarios en los cuales desaparece toda ostentación competitiva o consumo conspicuo de índole individual, y en los que cualquier persona lo

bastante estúpida para jactarse de su importancia es acusada
de brujería y lapidada.

En las sociedades realmente igualitarias que han sobrevivido el tiempo suficiente para ser estudiadas por los antropólogos, no aparece la redistribución en forma de donación
de festines competitivos. En vez de ello, predomina la forma de intercambio conocida como reciprocidad. La reciprocidad es el término técnico para un intercambio económico
que tiene lugar entre dos individuos en el que ninguno especifica con precisión qué es lo que espera como recompensa
ni cuándo lo espera. Superficialmente, los intercambios recíprocos no se parecen en nada a los intercambios. No se especifican las expectativas de una parte ni las obligaciones de
la otra. Un grupo puede continuar recibiendo de otro durante bastante tiempo sin que el donante oponga resistencia
alguna ni el receptor manifieste turbación. Sin embargo, no
podemos considerar la transacción como puro regalo. Subyace una expectativa de devolución, y si el equilibrio entre
los dos individuos se sale de madre, finalmente el donante
comenzará a quejarse y a chismorrear. Se mostrará interés
por la salud y cordura del receptor, y si la situación no mejora, la gente empezará a sospechar que el receptor está poseído por espíritus malignos o que practica la brujería. Es probable que en las sociedades igualitarias los individuos que
violan persistentemente las normas de reciprocidad sean de
hecho psicóticos y constituyan una amenaza para su comunidad.

Podemos hacernos alguna idea de lo que significan los intercambios recíprocos pensando en la manera en que intercambiamos bienes y servicios con nuestros parientes o amigos íntimos. Por ejemplo, suponemos que los hermanos no
calculan el valor exacto en dólares de todo lo que hacen el
uno por el otro. Deben sentirse libres para prestarse mutuamente sus camisas o sus discos y no dudan en pedirse favores. Cuando se trata de hermanos o amigos, ambas partes

aceptan el principio de que, aunque se dé más de lo que se recibe, esto no afectará a la relación de solidaridad entre ellos. Si un amigo invita a otro a comer, no debe vacilar en ofrecer o aceptar una segunda o tercera invitación, aun cuando no se haya correspondido todavía a la primera comida. No obstante, también hay límites, pues al cabo de cierto tiempo la obligación de reciprocidad no saldada empieza a parecerse sospechosamente a la explotación. En otras palabras, todo el mundo quiere considerarse generoso pero nadie desea ser tildado de chupón. Esto es precisamente el dilema que se nos plantea en Navidad cuando intentamos recurrir al principio de reciprocidad al elaborar nuestras listas de compras. El regalo no puede ser ni demasiado barato ni demasiado caro; y, sin embargo, nuestros cálculos deben parecer totalmente casuales, por lo que quitamos la etiqueta del precio.

Pero para ver realmente la reciprocidad en acción hay que vivir en una sociedad igualitaria que carece de dinero y en la que nada se puede comprar o vender. En la reciprocidad todo se opone al cómputo y cálculo precisos de lo que una persona debe a otra. De hecho, la idea consiste en negar que alguien posee realmente algo. Podemos decir si un estilo de vida se basa o no en la reciprocidad sabiendo si la gente da o no las gracias. En sociedades realmente igualitarias, es de mala educación agradecer públicamente la recepción de bienes materiales o servicios. Por ejemplo, entre los semai de Malasia central nadie expresa nunca gratitud por la carne que un cazador distribuye en partes exactamente iguales entre sus compañeros. Robert Dentan, quien ha vivido con los semai, descubrió que dar las gracias era de muy mala educación, ya que sugería o bien que uno calculaba el tamaño del trozo de carne recibido, o bien que se estaba sorprendido por el éxito y generosidad del cazador.

En contraposición a la exhibición ostentosa del «gran hombre» kaoka, a la palabrería jactanciosa de los jefes del *potlatch* o a nuestra propia ostentación de símbolos de estatus, los semai siguen un estilo de vida en el que los que tienen mayor éxito deben ser los que menos llamen la atención. En su estilo de vida igualitario, la búsqueda de estatus mediante redistribución competitiva o cualquier forma de consumo o despilfarro conspicuos es literalmente inconcebible. Los pueblos igualitarios sienten repugnancia y temor ante la más ligera insinuación de ser tratados con generosidad o de que una persona piense que es mejor que otra.

Richard Lee, profesor de la Universidad de Toronto, cuenta una graciosa historia sobre el significado del intercambio recíproco entre cazadores y recolectores igualitarios. Lee había seguido a los bosquimanos durante la mayor parte del año por el desierto del Kalahari, observando lo que comían. Los bosquimanos eran muy serviciales y Lee quiso mostrarles su gratitud, pero no tenía nada que ofrecerles que no alterara su dieta normal y su pauta de actividad habitual. Cuando se acercaban las Navidades supo que probablemente los bosquimanos acamparían al borde del desierto junto a aldeas en las que a veces obtenían carne mediante el comercio. Con la intención de donarles un buey como regalo de Navidad, fue en su jeep de aldea en aldea tratando de encontrar el buey más grande que pudiera comprar. Finalmente localizó en una aldea lejana un animal de proporciones monstruosas, cubierto con una gruesa capa de grasa. Como sucede con muchos pueblos primitivos, los bosquimanos anhelan la carne grasienta porque los animales que cazan son normalmente enjutos y correosos. Al volver al campamento, Lee llevó aparte a sus amigos y les dijo uno a uno que había comprado el buey más grande que jamás había visto y que les iba a dejar que lo sacrificaran en Navidad.

El primer hombre que oyó la buena noticia se alarmó visiblemente. Preguntó a Lee dónde había comprado el buey, de qué color era, cuánto medían sus cuernos, y movió después la cabeza. «Conozco ese buey –dijo–. ¡Si sólo es huesos y pellejo! ¡Tienes que haber estado borracho para comprar ese despreciable animal!» Convencido de que su amigo no sabía realmente de qué buey estaba hablando, Lee se lo confió a otros bosquimanos, encontrando la misma reacción de asombro: «¿Has comprado este animal sin ningún valor? Naturalmente nos lo comeremos –solían decir todos—, pero no nos saciará. Comeremos y nos iremos a casa a dormir con las tripas rugiendo». Cuando llegaron las Navidades y se sacrificó finalmente el buey, la bestia resultó estar verdaderamente cubierta de una gruesa capa de grasa y fue devorada con sumo placer. Había carne y grasa más que suficientes para todo el mundo. Lee se dirigió a sus amigos e insistió en una explicación. «Sí, claro que supimos desde el principio cómo era realmente el buey –admitió un cazador–. Pero, cuando un joven sacrifica mucha carne llega a creerse un hombre importante o un jefe, y considera a todos los demás como sus servidores o sus inferiores. No podemos aceptar esto –continuó–. Rechazamos al que se jacta, porque algún día su orgullo le llevará a matar a alguien. De ahí que siempre hablemos de la carne que aporta como si fuera despreciable. De esta manera ablandamos su corazón y le hacemos amable.»

Los esquimales explicaban su temor a los donantes de regalos demasiado jactanciosos y generosos con el proverbio: «Los regalos hacen esclavos como los latigazos hacen perros». Y esto es exactamente lo que sucedió. En la perspectiva evolutiva, los donantes de regalos hicieron al principio regalos que provenían de su propio trabajo extra; pronto la gente se encontró con que tenía que trabajar mucho más para corresponder recíprocamente y hacer posible que los donantes les hicieran más regalos; finalmente, los donantes de regalos se volvieron muy poderosos y ya no necesitaban someterse a las reglas de reciprocidad. Podían obligar a la gente a pagar impuestos y a trabajar para ellos sin redistribuir lo que guardaban en sus almacenes y palacios. Por supuesto, como reconocen de vez en cuando políticos y «grandes hombres» modernos, es más fácil obtener «esclavos» que trabajen para uno si se les da de vez en cuando un gran festín en vez de azotarles todo el tiempo.

Si pueblos como los esquimales, los bosquimanos y los semai comprendieron los peligros de donar regalos, ¿por qué permitieron otros que prosperasen los donantes de regalos? Y, ¿por qué se permitió a los «grandes hombres» henchirse de orgullo hasta el punto de esclavizar a la misma gente cuyo trabajo hizo posible su gloria? Una vez más, sospecho que estoy a punto de intentar explicar todo a la vez. Pero permitidme hacer algunas sugerencias.

La reciprocidad es una forma de intercambio económico que se adapta principalmente a condiciones en las que la estimulación de un esfuerzo productivo extra intensivo tendría un efecto adverso para la supervivencia del grupo. Estas condiciones están presentes entre algunos cazadores y recolectores como los esquimales, semai y bosquimanos, cuya supervivencia depende totalmente del vigor de las comunidades naturales de plantas y animales existentes en su hábitat. Si los cazadores ponen en práctica de repente un esfuerzo concertado para capturar más animales y arrancar más plantas, corren el riesgo de deteriorar permanentemente el aprovisionamiento de caza en su territorio.

Lee descubrió, por ejemplo, que los bosquimanos trabajaban para su subsistencia sólo de diez a quince horas por semana. Este descubrimiento destruye eficazmente uno de los mitos de pacotilla de la sociedad industrial: a saber, que tenemos más tiempo libre en la actualidad que antes. Los cazadores y recolectores primitivos trabajan menos que nosotros, sin la ayuda de ningún sindicato, porque sus ecosistemas no pueden tolerar semanas y meses de un esfuerzo extra intensivo. Entre los bosquimanos, las personalidades stajanovistas que van de un lado para otro convenciendo a amigos y parientes para que trabajen más prometiéndoles un gran festín, constituirían una clara amenaza a la sociedad. Si consiguiera que sus seguidores trabajasen como los kaoka durante un mes, el bosquimano que aspira a convertirse en «gran hombre» exterminaría o ahuyentaría a millas de distancia a toda la caza, con lo que su pueblo moriría de hambre antes de finalizar el año. De ahí que entre los bosquimanos predomine la reciprocidad y no la redistribución y que el mayor prestigio corresponda al cazador seguro y discreto, que nunca se jacta de sus hazañas y que evita cualquier insinuación de que hace un regalo cuando divide el animal que ha matado.

La donación de festines competitivos y demás formas de redistribución eliminó la dependencia primordial de la reciprocidad cuando fue posible aumentar la duración e intensidad del trabajo sin infligir daños irreversibles a la capacidad de sustentación del hábitat. Precisamente esto se logró cuando los animales y plantas domesticados sustituyeron a los recursos alimentarios naturales. En líneas generales, cuanto más trabajo se dedica a plantar y criar especies animales, mayor cantidad de alimentos se puede producir. La única dificultad estriba en que la gente no trabaja habitualmente más que lo estrictamente necesario. La redistribución fue la respuesta a este problema. La redistribución comenzó a aparecer a medida que el trabajo requerido para mantener un equilibrio recíproco con productores muy celosos y sedientos de prestigio fue aumentando. A medida que los intercambios recíprocos se volvían asimétricos, se convirtieron en regalos; y cuando éstos se acumularon, los donantes de regalos fueron recompensados con prestigio y contraprestaciones. Pronto predominó la redistribución sobre la reciprocidad y se otorgó mayor prestigio a los donantes de regalos más jactanciosos y calculadores, que engatusaban, avergonzaban y en última instancia obligaban a todo el mundo a trabajar mucho más de lo que un bosquimano hubiera imaginado posible.

Como indica el ejemplo de los kwakiutl, las condiciones

adecuadas para el desarrollo de la donación de festines competitivos y de la redistribución también estaban presentes a
veces entre poblaciones no agrícolas. Entre los pueblos cos-
teros del Noroeste del Pacífico, las migraciones anuales del
salmón, de otros peces migratorios y de los mamíferos marinos proporcionaban el equivalente ecológico de las cosechas
agrícolas. El salmón o el «pez bujía» migraban en cantidades
tan enormes que cuanto más trabajara la gente más peces
podía capturar. Además, siempre que pescaran con redes de
inmersión aborígenes, sus capturas no podían influir en las
migraciones de desove y agotar el aprovisionamiento del
próximo año.

Apartándonos momentáneamente de nuestro examen de
los sistemas de prestigio reciprocitarios y redistributivos,
podemos conjeturar que cualquier tipo principal de sistema
político y económico utiliza el prestigio de una forma característica. Por ejemplo, tras la aparición del capitalismo en la
Europa occidental, la adquisición competitiva de riqueza se
convirtió una vez más en el criterio fundamental para alcanzar el estatus de «gran hombre». Sólo que en este caso los
«grandes hombres» intentaban arrebatarse la riqueza unos a
otros, y se otorgaba mayor prestigio y poder al individuo
que lograba acumular y sostener la mayor fortuna. Durante
los primeros años del capitalismo, se confería el mayor prestigio a los que eran más ricos pero vivían más frugalmente.
Más adelante, cuando sus fortunas se hicieron más seguras,
la clase alta capitalista recurrió al consumo y despilfarro
conspicuos en gran escala para impresionar a sus rivales.
Construían grandes mansiones, se vestían con elegancia ex-
clusiva, se adornaban con joyas enormes y hablaban con
desprecio de las masas empobrecidas. Entretanto, las clases
media y baja continuaban asignando el mayor prestigio a los
que trabajaban más, gastaban menos y se oponían con sobriedad a cualquier forma de consumo y despilfarro conspicuos. Pero como el crecimiento de la capacidad industrial

comenzaba a saturar el mercado de los consumidores, había que desarraigar a las clases media y baja de sus hábitos vulgares. La publicidad y los medios de comunicación de masas aunaron sus fuerzas para inducir a las clases media y baja a dejar de ahorrar y a comprar, consumir, despilfarrar o gastar cantidades de bienes y servicios cada vez mayores. De ahí que los buscadores de estatus de la clase media confirieran el prestigio más alto al consumidor más importante y más conspicuo.

Pero entretanto, los ricos se vieron amenazados por nuevas medidas fiscales enderezadas a redistribuir su riqueza. El consumo conspicuo por todo lo alto se hizo peligroso, volviéndose así de nuevo a otorgar el mayor prestigio a los que tienen más pero lo demuestran menos. Y como los miembros más prestigiosos de la clase alta ya no hacen alardes de su riqueza, se ha eliminado también algo de la presión sobre la clase media para participar en el consumo conspicuo. Esto me sugiere que el uso de pantalones vaqueros rotos y el rechazo de un consumismo manifiesto entre la juventud actual de la clase media tiene más que ver con la imitación de las corrientes establecidas por la clase alta que con la llamada revolución cultural.

Una última cuestión. Como he mostrado, la sustitución de la reciprocidad por la búsqueda competitiva de estatus hizo posible que poblaciones humanas más extensas sobrevivieran y prosperaran en una región determinada. Sin duda, la cordura de todo el proceso por el que la humanidad fue embaucada para trabajar mucho más con vistas a alimentar más gente en niveles de bienestar material sustancialmente iguales o incluso inferiores a los que gozan pueblos como los esquimales o los bosquimanos, es perfectamente cuestionable. La única respuesta que encuentro ante este desafío es que muchas sociedades primitivas rehusaron aumentar su esfuerzo productivo y no lograron incrementar la densidad de su población precisamente porque

descubrieron que las nuevas tecnologías de «ahorrar trabajo» significaban en realidad que tenían que trabajar mucho
más, así como sufrir un descenso en los niveles de vida. Pero
la suerte de estos pueblos primitivos estaba ya echada tan
pronto como alguno de ellos –no importa cuán lejos estuviera situado– cruzara el umbral de la redistribución y al-
canzara la estratificación total de clases que se encuentra
más allá de éste. Prácticamente todos los cazadores y recolectores reciprocitarios fueron destruidos o desplazados for-
zosamente a zonas apartadas por las sociedades más poderosas y más grandes que maximizaban la producción y la
población y estaban organizadas por clases gobernantes. En
el fondo, esta sustitución fue esencialmente una cuestión de
la capacidad de las sociedades más grandes, más densas y
mejor organizadas para derrotar a los cazadores y recolectores simples en un conflicto armado. Se trataba de trabajar
más o de perecer.

El *cargo* fantasma

He elegido hablar en este momento del *cargo* fantasma porque está relacionado directamente con el intercambio redistributivo y el sistema de «grandes hombres». Tal vez no se vea inmediatamente la conexión. Pero, después de todo, nada del *cargo* fantasma es inmediatamente evidente.

El escenario de la acción es una pista de aterrizaje en la jungla en lo alto de las montañas de Nueva Guinea. Junto a ella se encuentran hangares de techos de paja, una choza a modo de centro de comunicaciones y una torre de balizamiento hecha de bambú. En tierra hay un avión construido con palos y hojas. La pista de aterrizaje está guarnecida las veinticuatro horas del día por un grupo de nativos que llevan adornos en la nariz y brazaletes de conchas. Por la noche mantienen encendida una hoguera como baliza. Esperan la llegada de un vuelo importante: aviones *cargo* repletos de alimentos en conserva, ropas, radios portátiles, relojes de pulsera y motocicletas. Los aviones serán pilotados por antepasados que han vuelto a la vida. ¿Por qué se retrasan? Un hombre entra en la choza de la radio y da órdenes al micrófono de lata. El mensaje se transmite por una antena construida con cuerda y enredaderas: «¿Me recibís? Corto y cambio». De vez en cuando observan la estela de un reactor que cruza el cielo; a veces oyen el sonido de motores lejanos. ¡Los antepasados están encima! Les están buscando. Pero los blancos en las ciudades de allá abajo también están enviando mensajes. Los antepasados se han confundido. Aterrizan en un aeropuerto equivocado.

La espera de barcos o aviones que traen antepasados y *cargo* comenzó hace mucho tiempo. En los cultos más antiguos, los pueblos de la costa esperaban una gran canoa. Más adelante, esperaron barcos de vela. En 1919 los líderes del culto oteaban el horizonte en busca de señales de humo de los buques de vapor. Después de la Segunda Guerra Mundial, se esperaba a los antepasados en lanchas de desembarco, transportadores de tropas y bombarderos *Liberator*. En la actualidad llegan en «casas volantes» que se elevan más alto que los aviones.

El mismo *cargo* se ha modernizado también. En los primeros tiempos, cerillas, instrumentos de acero, y rollos de calicó constituían la mayor parte del *cargo* fantasma. Después fueron sacos de arroz, zapatos, carne y sardinas en lata, rifles, cuchillos, munición y tabaco. Últimamente flotas fantasmas han estado transportando automóviles, radios y motocicletas. Algunos profetas *cargo* de Irian Occidental predicen que buques de vapor descargarán fábricas y acerías enteras.

Un inventario preciso del *cargo* sería engañoso. Los nativos esperan una mejoría global en su nivel de vida. Los barcos y aviones fantasmas traerán el inicio de una época totalmente nueva. Los muertos y los vivos se reunirán, el hombre blanco será expulsado o sometido, y el trabajo penoso abolido; no faltará nada. En otras palabras, la llegada del *cargo* marcará el inicio del cielo en la tierra. Esta visión sólo difiere de las descripciones occidentales del milenio por la preeminencia extraña de los productos industriales. Reactores y antepasados, motocicletas y milagros; radios y espíritus.

Nuestras propias tradiciones nos preparan para la salvación, la resurrección, la inmortalidad... pero, ¿con aviones, coches y radios? No tenemos buques fantasmas. Sabemos de dónde provienen estas cosas. ¿Lo sabemos?

Los misioneros y administradores gubernamentales dicen a los nativos que el trabajo duro y las máquinas hacen que las cornucopias del industrialismo liberen sus ríos de riqueza. Pero los profetas del *cargo* se aferran a otras teorías. Insisten en que la riqueza material de la época industrial se crea realmente en algún lugar lejano, no mediante medios naturales, sino sobrenaturales. Los misioneros, comerciantes y funcionarios del gobierno saben cómo obtener esta riqueza que se les envía en aviones o barcos; poseen el «secreto del *cargo*». La capacidad de los profetas nativos del *cargo* de penetrar este secreto y entregar el *cargo* a sus seguidores sufre altibajos.

Las teorías nativas sobre el *cargo* evolucionan en respuesta a condiciones que cambian continuamente. Antes de la Segunda Guerra Mundial, los antepasados tenían piel blanca; después se dijo que se parecían a los japoneses. Pero cuando las tropas americanas negras expulsaron a los japoneses, se representó a los antepasados con piel negra.

Después de la Segunda Guerra Mundial, la teoría del *cargo* se centró a menudo en los americanos. En las Nuevas Hébridas, la gente decidió que un soldado llamado John Frum era el Rey de América. Sus profetas construyeron un aeropuerto en el que los bombarderos *Liberator* americanos aterrizarían con un *cargo* de leche y helados. Las reliquias abandonadas en los campos de batalla de las islas del Pacífico demuestran que John Frum estuvo allí. Un grupo cree que John Frum llevaba una guerrera de campaña del ejército americano con galones de sargento y la cruz roja del cuerpo médico en las mangas cuando prometió volver con el *cargo*. Se han erigido pequeñas cruces rojas del cuerpo médico, cada una de ellas rodeada por una cerca bien hecha, en toda la isla de Tanna. Un jefezuelo de una aldea John Frum entrevistado en 1970 señalaba que «la gente ha esperado casi dos mil años el regreso de Jesucristo, por lo tanto podemos seguir esperando a John Frum».

En 1968, un profeta de la isla de Nuevo Hannover en el archipiélago Bismarck anunció que el secreto del *cargo* sólo era conocido por el Presidente de los Estados Unidos. Los miembros del culto rehusaron pagar los impuestos locales, lo que les permitió ahorrar 75.000 dólares para «comprar» a Lyndon Johnson y hacerle Rey de Nuevo Hannover si les revelaba el secreto.

En 1962, la Fuerza Aérea de los Estados Unidos colocó un gran señalizador de hormigón en la cima del Monte Turu cerca de Wewak, Nueva Guinea. El profeta Yaliwan Mathias estaba convencido de que los americanos eran los antepasados y que el *cargo* se encontraba bajo el señalizador. En mayo de 1971, después de una noche de oración con acompañamiento de música pop en sus transistores, él y sus seguidores arrancaron el señalizador. No se encontró ningún *cargo*. Yaliwan explicó que se lo habían llevado las autoridades. Sus seguidores que habían aportado 21.500 dólares no perdieron la fe.

Es fácil descartar las creencias *cargo* como el delirio de mentalidades primitivas: los líderes profetas son granujas consumados que se aprovechan de la codicia, la ignorancia y credulidad de sus hermanos, o si son sinceros, psicópatas que propagan sus ideas insensatas sobre el *cargo* mediante autohipnosis e histeria de masas. Ésta sería una teoría convincente si no hubiera ningún misterio sobre cómo se manufactura y se distribuye la riqueza industrial. Pero de hecho no es fácil explicar por qué algunas naciones son pobres y otras ricas, ni es fácil decir por qué hay diferencias tan acusadas en la distribución de la riqueza dentro de las naciones modernas. Lo que sugiero es que hay en realidad un misterio del *cargo* y que los nativos están justificados en su intento de resolverlo.

Para penetrar el secreto del *cargo* debemos concentrarnos en un caso concreto. He elegido los cultos del área Madang de la costa norte de Nueva Guinea australiana, que ha descrito Peter Lawrence en su libro *Road Belong Cargo*.

Uno de los primeros europeos que visitó la costa Madang fue un explorador ruso del siglo XIX, llamado Miklouho-Maclay. Tan pronto como el buque ancló en tierra, sus hombres empezaron a distribuir como regalos hachas de acero, rollos de tela y otros objetos de valor. Los nativos decidieron que los hombres blancos eran antepasados. Los europeos cultivaron deliberadamente esta imagen no permitiendo nunca que los nativos presenciaran la muerte de un hombre blanco: solían arrojar en secreto sus cuerpos al mar y explicaban que los hombres desaparecidos habían vuelto al cielo.

En 1884, Alemania estableció el primer gobierno colonial en Madang. Pronto le siguieron los misioneros luteranos, pero no lograron atraer conversos. Una misión pasó trece años sin bautizar ni un solo nativo. Los conversos tenían que ser sobornados con hachas de acero y alimentos. Ahora tal vez se comprenda mejor por qué he dicho que el concepto de «gran hombre» es pertinente. Como sucede con los «grandes hombres» nativos que hemos descrito en el capítulo anterior, la credibilidad y legitimidad de los «grandes hombres» de ultramar sólo se mantenía mientras hicieran reiterados regalos. Daba lo mismo que fueran dioses o antepasados resucitados, salvo en que los «grandes hombres» de origen divino debían hacer más regalos que los ordinarios. No bastaba con cantar himnos ni con la promesa de salvación futura para mantener el interés de los nativos. Éstos deseaban y esperaban *cargo:* todo lo que los misioneros y sus amigos recibían por barco de ultramar.

Como hemos visto, los «grandes hombres» deben redistribuir su riqueza. Para los nativos nada hay peor que un «gran hombre» tacaño. Los misioneros se negaban a ello claramente: retenían la «carne y la manteca» para sí y donaban los «huesos y tartas estropeadas». En los centros misioneros, en las carreteras y en las plantaciones los nativos trabajaban duro en previsión de un gran festín. ¿Por qué no se celebraba? En 1904 los nativos tramaron matar a todos los «grandes hombres» tacaños, pero las autoridades descubrieron la conspiración y ejecutaron a los cabecillas. A continuación se impuso la ley marcial.

Después de esta derrota, los intelectuales nativos empezaron a desarrollar nuevas teorías sobre el origen del *cargo*. Quienes realizaban el *cargo* eran los antepasados nativos, no los europeos, pero los europeos impedían que los nativos recibieran su parte. En 1912 se tramó una segunda rebelión armada. Poco después estallaba la Primera Guerra Mundial. Los «grandes hombres» alemanes huyeron, siendo sustituidos por otros de origen australiano.

Desde entonces los nativos celebraron reuniones en las que acordaron que era poco práctico una nueva resistencia armada. Evidentemente los misioneros conocían el secreto del *cargo*. Por ende la única cosa que había que hacer era obtener la información de ellos. Los nativos acudieron en tropel a las iglesias y escuelas de la misión, convirtiéndose en cristianos entusiastas y cooperadores. Prestaron gran atención a la siguiente historia: Al principio Dios, llamado Anus en la mitología nativa, creó el Cielo y la Tierra. Anus dio a Adán y Eva un paraíso repleto de *cargo:* todas las carnes enlatadas, instrumentos de acero, arroz en bolsas y cerillas que podían utilizar. Cuando Adán y Eva descubrieron el sexo, Anus les arrebató el *cargo* y envió el diluvio. Anus enseñó a Noé cómo construir un enorme buque de vapor de madera y le nombró su capitán. Sem y Jafet obedecieron a Noé, su padre. Pero Cam era estúpido y le desobedeció. Noé le quitó el *cargo* a Cam y lo envió a Nueva Guinea. Después de haber vivido durante años en la ignorancia y las tinieblas, Anus se apiadó de los hijos de Cam y mandó misioneros para reparar el error de Cam, diciendo: «Debéis persuadir a sus descendientes para que vuelvan a mis caminos. Cuando me sigan de nuevo les enviaré el *cargo* de la misma manera que ahora se lo envío a los hombres blancos».

El gobierno y las misiones se animaron por el incremento en la asistencia a la iglesia y la sobriedad respetuosa de los neoconversos. Pocos blancos comprendieron hasta qué punto la interpretación nativa del cristianismo se había desviado de la suya propia. Los sermones se pronunciaban en «pidgin», un compuesto de alemán, inglés y lenguas aborígenes. Los misioneros sabían que los nativos interpretaban la frase «y Dios bendijo a Noé» en el sentido de «y Dios dio a Noé *cargo*». Y sabían que cuando citaban en los sermones el Evangelio según Mateo: «Buscad primero el reino de Dios y su justicia; y todas las demás cosas se os darán por añadidura», los nativos entendían el pasaje en el sentido de «los buenos cristianos serán recompensados con *cargo*». Pero también sabían que si la recompensa por la obediencia al cristianismo se presentaba en un sentido totalmente espiritual y ajeno a este mundo, los nativos no creerían en ellos o bien perderían interés y se marcharían a la iglesia de otros. Para el nativo inteligente, el mensaje era categórico y claro: Jesús y los antepasados iban a donar *cargo* a los fieles; los paganos no sólo no conseguirían ningún *cargo,* sino que además arderían en el infierno. Así, durante los años veinte los líderes nativos cumplían pacientemente sus obligaciones como cristianos: cantaban himnos, trabajaban por unos pocos centavos a la hora, pagaban sus impuestos, renunciaban a sus mujeres extra, y mostraban respeto por los patrones blancos. Pero en los años treinta, su paciencia había empezado a agotarse. Si el trabajo duro trajera *cargo,* ya lo habrían conseguido. Habían descargado multitud de barcos y aviones para sus patrones blancos, pero ningún nativo había recibido jamás un solo paquete de ultramar.

Los catequistas y ayudantes de la misión estaban especialmente irritados. Observaban de primera mano las diferencias sustanciales existentes entre ellos mismos y los «grandes hombres» europeos. Y observaron claramente cómo estas diferencias no disminuyeron pese a todo el esfuerzo realizado en conseguir más conversos y ser buenos cristianos. Un eminente ministro luterano, Rolland Hanselmann, entró en su iglesia un domingo por la mañana en 1933 y descubrió que todos sus ayudantes nativos se encontraban detrás de una cuerda que habían tendido a lo largo de la nave lateral. Le formularon una petición: «¿Por qué no aprendemos el secreto del *cargo?* El cristianismo no nos ayuda a nosotros los negros de una manera práctica. Los hombres blancos nos ocultan el secreto del *cargo*». Se formularon más acusaciones: no se había traducido la Biblia adecuadamente por accidente o a propósito: ésta había sido censurada, faltaba la primera página; se silenciaba el verdadero nombre de Dios.

Los nativos boicotearon las misiones y propusieron una nueva solución al misterio del *cargo*. Jesucristo otorgó *cargo* a los europeos. Ahora quería donarlo a los nativos. Pero los judíos y los misioneros habían conspirado para quedarse con él. Los judíos habían prendido a Jesús y le retenían prisionero en o más allá de Sidney, Australia. Pero pronto Jesús quedaría en libertad y empezaría a llegar el *cargo*. La gente más pobre sería la que más obtendría («los mansos heredarán»). La gente cesó de trabajar, sacrificó sus cerdos, quemó sus huertos y acudió en masa a los cementerios.

Estos sucesos coincidieron con el estallido de la Segunda Guerra Mundial. Al principio, los nativos no tuvieron dificultad alguna en comprender esta nueva guerra. Los australianos habían expulsado a los alemanes y ahora los alemanes iban a expulsar a los australianos. Sólo que esta vez los alemanes serían los antepasados disfrazados de soldados alemanes. El gobierno encarceló a los líderes del culto por difundir propaganda alemana. Pero pese a la censura de noticias, los nativos pronto empezaron a comprender que su administración australiana estaba en peligro de ser expulsada de Nueva Guinea no por los alemanes, sino por los japoneses.

Los profetas del *cargo* lucharon por comprender el sentido de este nuevo y sorprendente desarrollo. Un líder del culto llamado Tagarab anunció que los misioneros siempre les habían estado engañando. Jesús era un Dios sin importancia. El Dios verdadero –el dios del *cargo*– era una deidad nativa conocida como Kilibob. Los misioneros habían logrado que los nativos rezaran a Anus. Pero Anus era un ser humano ordinario que sólo era el padre de Kilibob, quien a su vez era el padre de Jesús. Kilibob estaba a punto de castigar a los blancos por su perfidia. Él y los antepasados se hallaban ya en camino con un cargamento de fusiles, munición y otros equipos militares. Cuando anclaran en tierra se parecerían a soldados japoneses. Los australianos serían expulsados y todo el mundo conseguiría *cargo*. Para estar preparados, todos deberían interrumpir el trabajo ordinario, sacrificar cerdos y pollos y empezar a construir almacenes para el *cargo*.

Finalmente, cuando los japoneses invadieron Madang en diciembre de 1942, los nativos les saludaron como libertadores. Aun cuando los japoneses no habían traído *cargo*, los profetas interpretaron su llegada al menos como cumplimiento parcial de las profecías. Los japoneses no intentaron desengañarles. Produjeron en los nativos la impresión de que el *cargo* se había aplazado temporalmente, puesto que todavía continuaba la guerra. Dijeron que una vez finalizada la guerra, Madang formaría parte de la Gran Esfera de coprosperidad del Este Asiático japonesa. Todos participarían en la buena vida venidera. Entretanto había que trabajar; los nativos eran necesarios para ayudar a derrotar a los australianos y a sus aliados americanos. Los nativos corrieron a prestar ayuda en la descarga de barcos y aviones; actuaban como porteadores y traían regalos de vegetales frescos. Los pilotos americanos derribados se quedaban sorprendidos y disgustados por la hostilidad desplegada contra ellos en la selva. Nada más pisar tierra eran rodeados por hombres primitivos pintados, que ataban sus manos y pies, les colgaban de postes, y les llevaban corriendo hasta el oficial japonés más cercano. Los japoneses recompensaron a los profetas del *cargo* regalándoles espadas de samurai y nombrándoles oficiales de la fuerza de policía local.

Pero el rumbo de la guerra pronto acabó con este intervalo eufórico. Los australianos y americanos tomaron la iniciativa y cortaron las líneas de aprovisionamiento japonesas. Cuando su situación militar se deterioró, los japoneses cesaron de pagar los alimentos o el trabajo. Cuando Tagarab, que portaba su espada de samurai, protestó, fue fusilado. Los «antepasados» empezaron a saquear los huertos de los nativos, los cocotales y las plantaciones de bananas y de caña de azúcar. Robaron hasta el último pollo y cerdo. Después se lanzaron sobre los perros y se los comieron, y cuando se acabaron los perros, cazaron a los nativos y también se los comieron.

Los australianos que volvieron a ocupar Madang en abril de 1944 encontraron a los nativos hoscos y reacios a cooperar. En algunas áreas en las que los japoneses no habían sido especialmente activos, los profetas del *cargo* predecían la vuelta de los japoneses en mayor número que antes. Para ganarse la lealtad del resto de la población, los australianos empezaron a hablar del «desarrollo» en el período de la postguerra. Dijeron a los líderes nativos que en la paz venidera, negros y blancos vivirían juntos en armonía. Todo el mundo iba a tener una vivienda digna, electricidad, vehículos de motor, barcos, buenas ropas y abundancia de alimentos.

En esta época, los líderes nativos más mundanos e inteligentes estaban convencidos de que los misioneros eran embusteros rematados. El profeta Yali, cuya carrera voy a relatar desde ahora, se mostró especialmente inflexible en este punto. Yali había permanecido fiel a los australianos durante la guerra siendo recompensado con el grado de sargento mayor del ejército australiano. Le llevaron a Australia, donde los australianos querían mostrarle cuál era el secreto del *cargo*: centrales azucareras, fábricas de cerveza, un taller de reparación de aviones, los depósitos de mercancías de los muelles. Aun cuando Yali pudo ver por sí mismo algunos aspectos del proceso de producción, también constató que no todos los que iban en coche a todas partes y vivían en grandes mansiones trabajaban en centrales azucareras y fábricas de cerveza. Pudo observar cómo hombres y mujeres trabajaban en grupos organizados, pero no logró captar los principios últimos sobre cuya base se organizaba su trabajo. Nada de lo que vio le ayudó a comprender por qué de aquella inmensa profusión de riqueza ni siquiera una gota llegaba a sus compatriotas.

Lo que más impresionó a Yali no fueron las carreteras, los semáforos y los rascacielos, sino el Museo de Queensland y el Zoo de Brisbane. Para su asombro, el museo estaba repleto de artefactos nativos de Nueva Guinea. Una de las salas contenía incluso una máscara ceremonial de su propio pueblo que se utilizaba en los grandes rituales de la pubertad de los tiempos pasados: la misma máscara que los misioneros habían calificado de «obra de Satanás». Ahora, la máscara, celosamente guardada tras la vitrina, era venerada por sacerdotes con hábitos blancos y una riada ininterrumpida de visitantes bien vestidos, que hablaban en tono confidencial. El museo también encerraba vitrinas en las que se conservaban cuidadosamente algunas variedades extrañas de huesos de animales. En Brisbane, Yali fue llevado al zoo, donde vio cómo los blancos alimentaban y cuidaban a los animales más extraños. Cuando llegó a Sidney, Yali prestó mucha atención al número de perros y gatos que la gente tenía como animales domésticos.

Sólo después de la guerra comprendió Yali, cuando asistía a la conferencia del gobierno en Port Moresby, capital de Nueva Guinea australiana, hasta qué punto los misioneros habían estado mintiendo a los nativos. En el transcurso de la conferencia se mostró a Yali un libro que contenía ilustraciones de simios y monos que progresivamente se asemejaban cada vez más a los hombres. Finalmente se dio cuenta de la verdad: los misioneros habían dicho que Adán y Eva eran los antepasados del hombre, pero en realidad los blancos creían que sus propios antepasados eran monos, perros, gatos y otros animales. Éstas eran precisamente las creencias que los nativos habían conservado hasta que los misioneros les habían embaucado para que abandonaran sus tótems.

Después, al discutir sus experiencias con el profeta Gurek, Yali aceptó la sugerencia de que el Museo de Queensland era en realidad Roma, el lugar al que los misioneros habían conducido los dioses y mitos de Nueva Guinea para controlar el secreto del *cargo*. Si pudieran atraer de nuevo a Nueva Guinea a estos viejos dioses y diosas, nacería una nueva era de prosperidad. Pero primero tendrían que abandonar el cristianismo y restablecer sus ceremonias paganas.

La duplicidad de los misioneros enfureció a Yali. Estaba dispuesto y deseoso de ayudar a los funcionarios australianos a eliminar todos los vestigios de cultos *cargo* en los que Dios o Jesús tuvieran alguna importancia. Merced a los servicios prestados por Yali durante la guerra, su familiaridad con Brisbane y Sidney y su denuncia elocuente de los cultos, el oficial de distrito de Madang supuso que Yali no creía en el *cargo*. Pidió a Yali que tomara la palabra en mítines populares convocados por el gobierno. Éste ridiculizó con entusiasmo los cultos *cargo* cristianos y aseguró a todo el mundo que el *cargo* nunca llegaría, salvo que la gente trabajara mucho y obedeciera a la ley.

También estaba dispuesto a colaborar con los funcionarios australianos porque todavía no había perdido la fe en las promesas que le hicieron cuando estuvo en el ejército durante la guerra. Yali guardó en la memoria las palabras pronunciadas por un oficial de reclutamiento de Brisbane en 1943: «En el pasado, vosotros, los nativos, habéis permanecido atrasados, pero ahora, si nos ayudáis a ganar la guerra y a liberarnos de los japoneses, nosotros los europeos os ayudaremos. Os ayudaremos para que tengáis casas con tejados de hierro galvanizado, paredes de madera, luz eléctrica y vehículos motorizados, buques, buenas ropas y alimentos de calidad. La vida será muy diferente para vosotros después de la guerra.»

Millares de personas vinieron a escuchar cómo Yali denunciaba el viejo camino hacia el *cargo*. Yali, provisto de una plataforma y de altavoces, rodeado por funcionarios radiantes y hombres de negocios blancos, acogió con entusiasmo su tarea. Cuanto más denunciaba las antiguas creencias en el *cargo,* más comprendían los nativos que él, Yali, conocía el verdadero secreto del *cargo*. Cuando la palabra de esta interpretación llegó a los «manipuladores» de Yali en el gobierno, le pidieron que pronunciara más discursos para decir a los nativos que no era un antepasado que había vuelto, y que no conocía el secreto del *cargo*. Estas negativas en público convencieron a los nativos de que Yali tenía poderes sobrenaturales y traería el *cargo*.

Cuando fue invitado a Port Moresby, junto con otros portavoces nativos leales, sus seguidores en Madang creían que volvería al frente de una enorme flota de barcos *cargo*. Tal vez el mismo Yali creyera que se le iban a otorgar algunas concesiones importantes. Se dirigió directamente al administrador en cuestión y le preguntó cuándo iban a obtener los nativos la recompensa que el oficial de Brisbane les había prometido. ¿Cuándo recibirían los materiales de construcción y la maquinaria de los que les había hablado todo el mundo? El informe del profesor Lawrence sobre la respuesta del funcionario a Yali se encuentra en *Road Belong Cargo*:

Se dice que el oficial respondió que la administración estaba naturalmente agradecida por los servicios de las tropas nativas frente a los japoneses y que, de hecho, iba a dar a la gente una recompensa importante. El gobierno australiano estaba vertiendo enormes sumas de dinero en el desarrollo económico, educativo y político como compensación por los daños de la guerra, y proyectaba mejorar los servicios médicos, la higiene y la salud. Sería, claro está, un proceso lento, pero finalmente la gente apreciaría los resultados de los esfuerzos de la administración. Pero una recompensa como la que se imaginaba Yali –una distribución gratuita de *cargo* en grandes cantidades– era totalmente imposible. El funcionario lo sentía, pero ésta era precisamente propaganda realizada en tiempos de guerra por oficiales europeos irresponsables que no lo habían pensado bien.

Los administradores respondieron a las preguntas sobre cuándo podrían contar los nativos con electricidad, que la tendrían tan pronto como pudieran pagarla. Yali quedó muy amargado. El gobierno había mentido tanto como los misioneros.

Cuando regresó de Port Moresby, Yali estableció una alianza secreta con el profeta del *cargo* Gurek. Bajo la protección de Yali, Gurek difundió la noticia de que las divinidades de Nueva Guinea, no las divinidades cristianas, eran la verdadera fuente del *cargo*. Los nativos debían abandonar el cristianismo y volver a sus prácticas paganas para adquirir riqueza y felicidad. Tenían que volver a introducir los artefactos y rituales tradicionales así como la cría del cerdo y la caza. También debían realizar las ceremonias de iniciación masculina. Además, tenían que levantar pequeñas mesas, cubiertas con tela de algodón y decoradas con botellas llenas de flores. En estos altares (inspirados en las escenas domésticas observadas en los hogares australianos), las ofrendas de alimento y tabaco inducirían a las divinidades paganas y a los antepasados a enviar *cargo*. Los antepasados traerían rifles, munición, equipo militar, caballos y vacas. De aquí en adelante Yali recibiría el título de Rey, y el viernes, día del nacimiento de Yali, sustituiría al domingo como día de descanso de los nativos. Gurek afirmó que Yali podía realizar milagros y que era capaz de matar a las gentes escupiéndoles o maldiciéndoles.

El mismo Yali recibió reiteradas órdenes de patrullar para reducir al silencio a los partidarios del culto a Yali. Aprovechó estas oportunidades para suprimir a los profetas rivales y establecer una extensa red de sus propios *boss boys* en las aldeas. Impuso multas y castigos, reclutó mano de obra y mantuvo su propia fuerza policial. Yali financió su organización mediante un sistema clandestino de redistribución. Prometía ser un «gran hombre» de verdad.

Los misioneros incitaron a los administradores a desembarazarse de Yali, pero tuvieron dificultades en demostrar que él estaba detrás de la conducta cada vez más insolente de los nativos. Incluso resultó difícil demostrar que había un culto *cargo*, puesto que todos los miembros del culto a Yali habían recibido instrucciones de jurar que no creían en el *cargo*. Se había dicho a los nativos que si se atrevían a revelar sus actividades, los europeos les robarían de nuevo los dioses de Nueva Guinea. Si se les preguntaba sobre la mesa y las flores, deberían responder que simplemente querían embellecer sus hogares como hacen los europeos. Cada vez que se acusaba a Yali de provocar disturbios, éste protestaba diciendo que nada tenía que ver con los extremistas de las aldeas que habían desvirtuado sus propias convicciones expuestas en público.

Muy pronto el gobierno australiano tuvo que hacer frente a lo que consideró una rebelión abierta. En 1950 Yali fue detenido y procesado bajo la acusación de incitación a la violación y privación de la libertad de otros. Fue declarado culpable y condenado a seis años de prisión. Sin embargo, la carrera de Yali no acabó. Mientras permaneció en la cárcel, los miembros del culto seguían explorando el horizonte en espera de su vuelta triunfal al frente de una flota de buques mercantes y navíos de guerra. Durante los años sesenta, se otorgó finalmente a los pueblos nativos de Nueva Guinea cierto tipo de concesiones políticas y económicas. Los seguidores de Yali le dieron crédito a éste por el índice de crecimiento en la construcción de escuelas, la apertura de los consejos legislativos a los candidatos nativos, la elevación de los salarios y el final de la prohibición sobre el consumo de bebidas alcohólicas.

Tras su puesta en libertad, Yali decidió que el secreto del *cargo* se encontraba en la Asamblea de Nueva Guinea. Trató de ser elegido para el Consejo de Madang, pero fue derrotado. Cuando envejeció se convirtió en objeto de gran veneración. Le visitaban una vez al año «floristas» que se llevaban su semen en botellas. La gente continuaba ofreciéndole regalos y allegó fondos para bautizar a cristianos que deseaban purificarse de los pecados del cristianismo y volver al paganismo. La última profecía de Yali consistió en que Nueva Guinea alcanzaría la independencia el 1 de agosto de 1969. Se preparó para esta ocasión nombrando embajadores para Japón, China y Estados Unidos.

Toda actividad humana aparecerá inescrutable si se reduce a un rompecabezas con fragmentos demasiado pequeños para estar relacionados con el cuadro histórico global. Visto desde una trayectoria de duración adecuada, el *cargo* se nos muestra como la solución de un conflicto escorado y obstinado siguiendo la ley del mínimo esfuerzo. El *cargo* era el precio de la lucha por los recursos naturales y humanos de un continente insular. Cada fragmento de misticismo salvaje se emparejaba con un fragmento de rapacidad civilizada y la totalidad estaba firmemente fundada en sólidos castigos y recompensas en vez de en fantasmas.

Como otros grupos, salvajes o civilizados, cuyos dominios y libertad se ven amenazados por invasores, las gentes de Madang intentaron obligar a los europeos a regresar a sus casas. No al principio de todo, puesto que transcurrieron varios años antes de que los invasores exhibieran su apetito insaciable de tierras vírgenes y mano de obra nativa barata. Sin embargo, el intento de exterminar al enemigo no tardó en producirse. Estaba condenado al fracaso porque, como en muchos otros capítulos de la guerra colonial, las fuerzas contendientes eran muy desiguales. Los nativos de Madang adolecían de dos desventajas insuperables: carecían de armas modernas y estaban fragmentados en cientos de pequeñas tribus y aldeas incapaces de unirse contra un enemigo común.

La esperanza de emplear la fuerza para expulsar a los europeos no desapareció del todo; fue reprimida, pero no se extinguió. Los nativos retrocedieron, y avanzaron de nuevo siguiendo trayectorias desconcertantes. Los invasores fueron tratados como «grandes hombres» arrogantes: demasiado poderosos para ser destruidos, pero tal vez no invulnerables a la manipulación. Para obligar a estos «grandes hombres» extranjeros a compartir su riqueza y moderar su apetito de tierra y de mano de obra, los nativos trataron de aprender su lengua y penetrar sus secretos. Y así empezó el período de la conversión al cristianismo, el abandono de las costumbres nativas y la sumisión a los impuestos y al reclutamiento de mano de obra. Los nativos aprendieron el «respeto» y colaboraron en su propia explotación.

Este intervalo tuvo consecuencias que ninguno de estos dos grupos pretendió ni previó. Aldeas y tribus diferentes y anteriormente hostiles se unieron para servir al mismo señor. Se unieron en la creencia de que los «grandes hombres» cristianos podían ser manipulados para que creasen un estado de redención paradisíaca para todos. Insistían en que el *cargo* debía ser redistribuido. No era así como concebían los misioneros el cristianismo. Pero los nativos actuaban en su propio interés, rehusando entender el cristianismo tal como lo querían dar a entender los misioneros. Insistían en obligar a los europeos a actuar como «grandes hombres» de verdad; insistían en que aquellos que poseían riquezas tenían la obligación de distribuirlas.

A los occidentales les impresiona la graciosa incapacidad de los nativos para comprender los estilos de vida económicos y religiosos europeos. Se sobreentiende que los nativos están demasiado atrasados, son demasiado estúpidos o supersticiosos para captar los principios de la civilización. Esto desvirtúa ciertamente los hechos en el caso de Yali. No se trataba de que Yali no pudiera captar los principios en cuestión, sino más bien que los encontró inaceptables. Sus tutores quedaron sorprendidos de que alguien que había visto cómo funcionaban las factorías modernas pudiera creer todavía en el *cargo*. Pero cuanto más aprendía Yali sobre cómo producían riqueza los europeos, menos dispuesto se mostraba a aceptar su explicación de por qué él y su pueblo no podían participar de ella. Esto no significa que comprendiera cómo los europeos llegaron a ser tan ricos. Al contrario, según las últimas noticias que nos llegaron de él, estaba trabajando sobre la teoría de que los europeos se habían vuelto ricos construyendo burdeles. Pero Yali siempre tuvo el acierto de descartar la explicación europea estandarizada del «trabajo duro» como un engaño calculado. Cualquier persona podía observar que los «grandes hombres» europeos –a diferencia de sus prototipos nativos– no trabajaban nada.

La comprensión de Yali del cosmos no era monopolio del pensamiento salvaje. En los Mares del Sur, como en otras áreas coloniales, las misiones cristianas gozaron de un mandato prácticamente indiscutido en lo que atañe a la educación a los nativos. Estas misiones no difundieron los instrumentos intelectuales del análisis político; no ofrecieron educación en la teoría del capitalismo europeo, ni emprendieron un análisis de la política económica colonial. En vez de ello sus enseñanzas versaron sobre la creación, los profetas y las profecías, los ángeles, un mesías, la redención sobrenatural, la resurrección, y un reino eterno en el que los vivos y los muertos se reunirían en una tierra de leche y miel.

Inevitablemente estos conceptos –muchos de ellos análogos precisamente a temas del sistema de creencias aborigen– tenían que convertirse en el idioma en el que la resistencia de las masas a la explotación colonial se expresó por primera vez. El «cristianismo, las misiones» fue la cuna de la rebelión. Al reprimir cualquier forma de agitación abierta, huelgas, sindicatos o partidos políticos, los mismos europeos garantizaban el triunfo del *cargo*. Fue relativamente fácil constatar que los misioneros mentían cuando decían que el *cargo* sólo se otorgaría a la gente que trabajara duro. Lo que era difícil captar es que había un vínculo entre la riqueza de que gozaban australianos y americanos y el trabajo de los nativos. Sin una mano de obra nativa barata y sin la expropiación de las tierras nativas, los poderes coloniales nunca se habrían vuelto tan ricos. Por lo tanto, en cierto sentido, los nativos tenían derecho a los productos de las naciones industrializadas aun cuando no pudieran pagarlos. El *cargo* era su forma de expresar esto. Y ése, a mi entender, es su verdadero secreto.

Mesías

Estoy seguro de que se habrán observado las semejanzas entre los «cultos» *cargo* y las primitivas creencias cristianas. Jesús de Nazaret predijo la caída de los impíos, la justicia para los pobres, el final de la miseria y del sufrimiento, la reunión con los muertos y un reino divino totalmente nuevo. Lo mismo hizo Yali. ¿Puede ayudarnos el misterio del *cargo* fantasma a comprender las condiciones responsables del origen de nuestros propios estilos de vida religiosos?

Parece que hay algunas diferencias importantes. Los cultos *cargo* buscaban el derrocamiento de un orden político establecido específico y la creación de un reino en un lugar de la tierra bien determinado. Los nativos esperaban que los muertos volverían a la vida como soldados con uniforme que portarían armas en la batalla contra los policías y las tropas estacionadas en Nueva Guinea. Jesús de Nazaret no se interesó en derrocar un sistema político específico; estaba por encima de la política, su reino «no era de este mundo». Cuando los primeros cristianos hablaban de «batallas» contra los impíos, sus «espadas», «fuegos» y «victorias» eran meras metáforas terrenales de acontecimientos espirituales de índole trascendental. Al menos esto es lo que casi todo el mundo cree que era el culto original de Jesús.

Parece imposible que un estilo de vida tan ajeno a este mundo por su intención, tan entregado a la paz, el amor y el desinterés, pudiera haber sido en un sentido fundamental un producto de condiciones materiales determinadas. Sin embargo, este enigma, como todos los demás, tiene su solución en los asuntos prácticos de los pueblos y las naciones.

En realidad debemos considerar dos enigmas. El cristianismo surgió primero entre los judíos que vivían en Palestina. La creencia en la venida de un salvador llamado *mesías* –un dios semejante a un hombre– fue un rasgo importante del judaísmo en la época de Jesús. Los primeros seguidores de Jesús, casi todos ellos judíos, creían que Jesús era este salvador («Cristo» se deriva de *krystos,* que era la manera en que los judíos se referían al salvador esperado cuando hablaban en griego). Para resolver el enigma del primitivo estilo de vida cristiano, tengo que explicar primero la base de la creencia judía en un mesías.

Todos los pueblos antiguos –como la mayor parte de los modernos– creían que no se podía ganar batallas sin asistencia divina. Para conquistar un imperio, o simplemente sobrevivir como Estado independiente, se necesitaban guerreros con los que los antepasados, ángeles o dioses estuvieran dispuestos a cooperar.

David, fundador del primer y más grande imperio judío, afirmaba tener una relación divina con el dios judío Yahvé. El pueblo llamaba a David *mesías* (en hebreo *masiah),* un término que también se aplicó a los sacerdotes, a los escudos, al predecesor de David, Saúl, y a su hijo, Salomón. Por consiguiente, es probable que *mesías* significara originalmente cualquier persona o cosa que poseyera santidad y poder sagrado. David fue llamado también el Ungido: el que, colaborando con Yahvé, tenía derecho a gobernar sobre sus dominios terrenales.

Al nacer, David recibió el nombre de Elhanan ben Jesse. El de David, que significa «gran comandante», le fue otorgado para celebrar sus victorias en el campo de batalla. Su elevación al poder desde sus inicios humildes proporcionó la inspiración básica –plan de vida– para la carrera militar-mesiánica judía ideal. Había nacido en Belén y pasó su juventud como pastor. Después, se convirtió en el líder proscrito de un movimiento guerrillero en el desierto de Judea. Ubicó su cuartel general en una cueva y alcanzó victorias frente a enemigos aparentemente insuperables, sintetizadas en la lucha contra Goliat.

Los sacerdotes judíos insistieron hasta la época de Jesús en que Yahvé había establecido una alianza con David. Yahvé había prometido que la dinastía de David nunca acabaría. Pero el imperio de David empezó realmente a desmoronarse poco después de su muerte. Desapareció temporalmente cuando Nabucodonosor tomó Jerusalén en el año 586 a. C. y deportó gran cantidad de judíos a Babilonia. Después el Estado judío tuvo una existencia precaria como cliente dependiente de uno u otro poder imperial.

Yahvé dijo a Moisés: «Gobernarás sobre muchas naciones pero ellas no gobernarán sobre ti». Sin embargo, la tierra prometida de Yahvé era un lugar poco propicio para emprender la conquista del mundo. En primer lugar, era una ruta militar: el principal corredor a través del cual todos los ejércitos imperiales de Asia, África y Europa se perseguían unos a otros hasta y desde Egipto. La propia posibilidad de arraigo de un desarrollo imperial indígena en Palestina era siempre aplastada por el monstruo de millones de pies de algún ejército que avanzaba en una u otra dirección. Egipcios, sirios, babilonios, persas, griegos y romanos cruzaban la tierra santa, a menudo incendiando dos veces el mismo lugar antes de pasar al siguiente.

Estas experiencias plantearon considerables dificultades para la credibilidad de los libros sagrados de Yahvé y su vestigio, el sacerdocio. ¿Por qué había permitido Yahvé que tantas naciones se volvieran grandes mientras su pueblo elegido era conquistado y esclavizado repetidas veces? ¿Por qué no había cumplido Yahvé su promesa a David? Éste era el gran misterio que los hombres santos y profetas judíos intentaron descifrar.

Su respuesta: Yahvé no había cumplido su promesa a David porque los judíos no habían cumplido la suya a Yahvé. El pueblo había violado las leyes sagradas y había practicado ritos impuros. Habían pecado; eran culpables; habían causado su propia ruina. Pero Yahvé era un dios indulgente y cumpliría su promesa si los judíos, pese a su castigo, continuaban creyendo en que era el solo Dios verdadero. Comprendiendo lo que habían hecho, arrepintiéndose y pidiendo perdón, el pueblo repararía su pecado y Yahvé restablecería el pacto, les salvaría, les redimiría y les haría más grandes que nunca. Misteriosamente, cuando la reparación fuera total, en un momento sólo conocido por Yahvé, su pueblo sería vengado. Yahvé enviaría otro príncipe militar como David, el mesías, el ungido, para destruir las naciones enemigas. Se librarían grandes batallas; toda la tierra se estremecería con el estruendo de los ejércitos y la caída de las ciudades. Sería el final de un mundo y el inicio del otro, pues Yahvé no habría hecho esperar y sufrir a los judíos si no hubiera pretendido darles una recompensa mayor que cualquiera de las conocidas anteriormente por el hombre. Y así el Antiguo Testamento está lleno de las promesas de los profetas redentores –Isaías, Jeremías, Ezequiel, Micaías, Zacarías y otros–, todos ellos instando o sancionando la adopción de un estilo de vida militar-mesiánico.

Isaías habla de un «consejero maravilloso, Dios poderoso, Padre Eterno, Príncipe de la Paz», que reinará para siempre en el trono de David. Este salvador pisoteará a los asirios como «el lodo de las calles»; reducirá a Babilonia a una ciudad desierta habitada por lechuzas, sátiros y otras «criaturas

lúgubres»; convertirá al pueblo de Moab en «calvo e imber-
be, reducirá Damasco a un montón de ruinas», y provocará
en Egipto la guerra civil, «cada uno contra su prójimo, ciudad contra ciudad, reino contra reino».

Jeremías puso en boca de Yahvé estas palabras: «En
aquellos días y en aquel tiempo suscitaré a David un vásta-
go justo que ejercitará el derecho y la justicia en el país». Y
después «devorará la espada» a los egipcios y «se saciará, se
embriagará con la sangre de ellos». Los filisteos «clamarán
y se lamentarán todos los moradores del país». Desde
Moab «subirá un llanto ininterrumpido». Amón se convertirá en «devastada colina de ruinas y sus hijas serán incendiadas». Edom «resultará un horror». En Damasco «caerán
sus jóvenes en sus plazas». Jazor se trocará en «guarida de
dragones». Elam será «consumida por la espada», y en
cuanto a Babilonia: «Venid contra ella desde los últimos
confines, abrid sus graneros; amontonad [sus piedras]
como montes de grano, y exterminadla, no quede de ella
resto».

El libro de Daniel, escrito alrededor del año 165 a. C.,
cuando Palestina estaba gobernada por griegos sirios, también habla de la redención militar mesiánica por el ungido,
el Príncipe, que conduce a un gran imperio judío: «Proseguí
viendo en la visión nocturna, y he aquí que en las nubes del
cielo venía como un hombre... Y concediósele señorío, gloria e imperio, y todos los pueblos, naciones y lenguas le sir-
vieron... un señorío eterno... [un] imperio que no es destruido.»

Lo que la mayor parte de la gente no entiende en estas
profecías es que se realizaron en el contexto de guerras
reales de liberación emprendidas bajo el liderazgo de mesías militares de carne y hueso. Estas guerras gozaron del
apoyo popular no sólo porque pretendían restaurar la independencia del Estado judío, sino también porque prometían eliminar las desigualdades económicas y políticas

que el dominio extranjero había exacerbado hasta límites intolerables.

Como el *cargo*, el culto del mesías vengativo había nacido y era re-creado continuamente en una lucha por derrocar un sistema explotador de colonialismo político y económico. Sólo que en este caso, los nativos –los judíos– constituían desde el punto de vista militar un adversario de mayor envergadura para los conquistadores, y eran dirigidos por soldados-profetas que sabían escribir y recordaban un tiempo remoto en el que los «antepasados» habían controlado un imperio propio.

Durante el período del dominio romano, si podemos decir que hubo un estilo de vida predominante en Palestina, éste fue el del mesías militar vengativo. Inspirados por el modelo del triunfo de David sobre Goliat y la promesa de la redención militar-mesiánica de Yahvé, los guerrilleros judíos entablaron una lucha prolongada contra los administradores y el ejército romanos. El culto del mesías pacífico –el estilo de vida de Jesús y de sus seguidores– se desarrolló en medio de esta guerra de guerrillas y en los mismos distritos de Palestina que fueron los centros principales de la actividad insurgente, aparentemente en contradicción total con las tácticas y estrategias de las fuerzas de liberación.

Los Evangelios cristianos no exponen, ni siquiera mencionan, la relación de Jesús con la lucha de liberación de los judíos. Por los Evangelios nunca conoceríamos que Jesús pasó la mayor parte de su vida en el teatro central de una de las rebeliones guerrilleras más feroces de la historia. Menos evidente aún resulta para los lectores de los Evangelios el hecho de que esta lucha continuara intensificándose mucho tiempo después de la ejecución de Jesús. Nunca podríamos adivinar que en el año 68 d. C. los judíos llegaron a lanzar una revolución total que requirió la presencia de seis legiones romanas al mando de dos futuros emperadores antes de conseguir dominarla. Y mucho menos habríamos sospechado alguna vez que el mismo Jesús murió víctima del intento romano de destruir la conciencia militar-mesiánica de los revolucionarios judíos.

Como colonia romana, Palestina exhibía todos los síntomas políticos y económicos clásicos de una mala administración colonial. Los judíos que ocupaban posiciones religiosas o civiles altas eran marionetas o clientes. Los sumos sacerdotes, los terratenientes ricos y los mercaderes vivían con lujo asiático, pero la mayor parte de la población estaba integrada por campesinos alienados y sin tierras, artesanos sin empleo o mal pagados, criados y esclavos. El país se quejaba bajo el peso de impuestos de confiscación, corrupción administrativa, tributos arbitrarios, reclutamiento de mano de obra e inflación galopante. Los terratenientes absentistas vivían con gran pompa en Jerusalén mientras sus arrendatarios absorbían el impuesto del 25 por ciento que los romanos imponían sobre la producción agrícola, además del impuesto del 22 por ciento sobre el resto exigido por el templo. El odio de los campesinos galileos contra los aristócratas de Jerusalén era especialmente patente y abiertamente correspondido. En los comentarios del Talmud se advierte a los verdaderos judíos a no consentir que sus hijas se casen con la «gente de la tierra» como se les llamaba a los campesinos galileos, «puesto que son animales impuros». El rabino Eleazar recomendaba sarcásticamente la matanza de estas gentes, incluso en el día más sagrado del año en el que no se podía matar ningún animal, y el rabino Johanan decía: «Se puede despedazar a un plebeyo como un pez». Mientras que Eleazar afirmaba: «La enemistad de un plebeyo hacia un sabio es incluso más intensa que la de los paganos hacia los israelitas».

El entusiasmo popular por el ideal militar-mesiánico fue más allá del mero deseo de ver la sustitución de las marionetas extranjeras por nacionalistas judíos. Los galileos querían ver restablecido el reino de David porque los profetas decían que el mesías acabaría con la explotación económica y social y castigaría a los sacerdotes, terratenientes y reyes perversos. El Libro de Enoch había anunciado este tema:

Ay de vosotros, los ricos, puesto que habéis confiado en vuestras riquezas y de ellas seréis despojados... Ay de vosotros que correspondéis a vuestros vecinos con el mal, porque se os devolverá según vuestras obras. Ay de vosotros, falsos testigos... Pero no temáis los que sufrís, pues la curación será vuestra parte.

La dialéctica del reino de Yahvé abarcaba necesariamente la totalidad de la experiencia humana. Como sucede con el *cargo,* los componentes seculares y sagrados eran indivisibles, los temas de «este mundo» y del otro mundo eran inseparables. Política, religión y economía se hallaban fusionadas; el cielo y la tierra se confundían, la naturaleza se desposaba con Dios. En el nuevo universo la vida sería totalmente diferente; todo se volvería al revés. Los judíos gobernarían y los romanos serían sus servidores. Los pobres serían ricos, los impíos serían castigados, los enfermos curarían y los muertos resucitarían.

Los judíos iniciaron su guerra contra Roma poco antes de que Herodes el Grande fuera confirmado como rey marioneta por el Senado romano. Al principio, los guerrilleros fueron identificados por los romanos y la clase gobernante judía con simples bandidos (en griego: *lestai*). Pero estos bandidos no eran culpables tanto de robos cuanto de programas orientados contra los terratenientes absentistas y los recaudadores de impuestos romanos. El otro término aplicado a los guerrilleros fue «zelotes», que indicaba su celo por la ley judía y el cumplimiento de la alianza con Yahvé.

Ninguno de los términos recoge adecuadamente el sentido de lo que estaban realizando estos activistas. Sólo podemos relacionar sus hazañas como bandidos-zelotes (guerrilleros) con el contexto cotidiano de su mundo. Los guerrilleros-bandidos zelotes creían que con la ayuda del mesías lograrían finalmente el derrocamiento del Imperio romano. Su fe no era un estado mental; era una praxis revolucionaria que implicaba hostigamiento, provocación, robos, asesinato, terrorismo y actos de valentía que acababan en la muerte. Algunos se especializaban en la táctica de la guerrilla urbana y se llamaban «hombres del puñal» (en latín: *sicarii*); el resto vivía en el campo en cuevas y escondrijos de la montaña, dependiendo de los campesinos para obtener alimento y seguridad.

Cualquier descripción de los acontecimientos políticos y militares en Palestina durante el primer siglo d. C. ha de basarse en gran parte en los escritos de uno de los grandes historiadores del mundo antiguo, Flavio Josefo. Puesto que probablemente las cuestiones que voy a discutir sean desconocidas, permitidme decir algunas palabras sobre la fiabilidad de esta fuente. Josefo era contemporáneo de los autores de los primeros Evangelios cristianos. Los estudiosos consideran dos de sus libros, *De la guerra judía* y *Antigüedad judaica,* tan esenciales para la historia de la Palestina del primer siglo como los mismos Evangelios. Sabemos con claridad quién fue Josefo y cómo llegó a escribir sus libros, cosa que no sabemos de los autores de los evangelios. Josefo, hijo de una familia judía de clase alta, nació en el año 37 d. C. y recibió el nombre de Joseph ben Matthias. En el año 68 d. C., cuando sólo tenía 31 años, llegó a ser gobernador de Galilea y general del ejército de liberación judío en la guerra contra Roma. Tras la aniquilación de sus seguidores en el asedio de Jotapata, Josefo se rindió y fue conducido ante Vespasiano, general romano, y el hijo de éste, Tito. Como consecuencia de ello, Josefo anunció que Vespasiano era el mesías que habían estado esperando los judíos y que tanto Vespasiano como Tito serían emperadores de Roma.

En efecto, Vespasiano llegó a ser emperador en el año 69 d. C. y como recompensa por sus palabras proféticas Josefo fue conducido a Roma como parte del séquito del nuevo emperador. Se le otorgó la ciudadanía romana, un aposento en el palacio imperial y una pensión vitalicia en base a la renta de fincas que los romanos habían confiscado como botín de la guerra en Palestina.

Josefo pasó el resto de su vida escribiendo libros en los que explicaba por qué los judíos se habían sublevado contra Roma y por qué él mismo había desertado al bando romano. Es poco probable que Josefo haya inventado los hechos básicos de su historia, ya que escribió en Roma y para lectores romanos, muchos de los cuales, incluido el propio emperador, fueron testigos oculares de los acontecimientos descritos. Las distorsiones detectadas se hallan relacionadas evidentemente con su deseo de no ser tildado de traidor y podemos fácilmente hacer caso omiso de ellas sin dañar la credibilidad de la narración principal.

Los sucesos relatados por Josefo dejan en claro que el activismo guerrillero y la conciencia militar-mesiánica judía ascendían y descendían en ondas sinérgicas. Las tierras del interior, cubiertas de polvo y quemadas por el sol, estaban llenas de hombres santos errabundos, de oráculos vestidos de forma extravagante que hablaban con parábolas y alegorías y hacían profecías sobre la batalla venidera por el dominio del mundo. Los más destacados líderes guerrilleros inspiraban rumores que se propagaban en el claroscuro de estas especulaciones mesiánicas perennemente renovadas. Un flujo incesante de líderes carismáticos irrumpió en el resplandor de la historia para reivindicar la condición mesiánica; y al menos dos de ellos desencadenaron insurrecciones que lograron sacudir los cimientos del Imperio romano.

Herodes el Grande atrajo primero la atención de sus patrones romanos gracias a la vigorosa campaña que emprendió contra un jefe bandido que controlaba un distrito entero en el norte de Galilea. Según Josefo, Herodes atrapó a este jefe bandido, cuyo nombre era Ezequías, y lo ejecutó en el acto. Sabemos, empero, que Ezequías fue un líder guerrillero más que un ladrón ordinario porque tenía simpatizantes en Jerusalén lo bastante poderosos para obligar a Herodes a sufrir un proceso por asesinato. La intervención personal de un primo de Julio César logró la puesta en libertad de Herodes, y le proporcionó la recomendación que facilitaría su nombramiento como rey marioneta de los judíos en el año 39 a. C.

Herodes tuvo que luchar contra más bandidos para consolidar su control sobre Palestina. Josefo afirma que «los bandidos asolaban gran parte del país, provocando entre los habitantes tanta miseria como la que podría causar una guerra». De ahí que Herodes lanzara «una campaña contra los bandidos en las cuevas». Los bandidos, cuando eran atrapados dentro de éstas, solían tener a su familia junto a sí y rehusaban entregarse. Un viejo bandido permaneció en la boca de una cueva inaccesible y mató a su mujer y sus siete hijos en presencia de Herodes, «llegando a burlarse de Herodes» antes de saltar hacia su propia muerte. Creyendo «dominar entonces las cuevas y sus moradores», Herodes partió hacia Samaria. Pero este alejamiento eliminó toda restricción a los «alborotadores habituales en Galilea», quienes mataron a un general romano llamado Ptolomeo y «asolaron sistemáticamente el país, estableciendo sus guaridas en zonas pantanosas y en otros lugares inaccesibles».

Tras la muerte de Herodes en el año 4 d. C., se produjeron sublevaciones en todas las regiones lejanas. El hijo de Ezequías, Judas de Galilea, se apoderó de un arsenal real. Simultáneamente en Perea, al otro lado del Jordán, un esclavo llamado Simón «incendió el palacio de Jericó y muchas suntuosas residencias de campo». Un tercer rebelde, un antiguo pastor llamado Atrongeo, «se autoproclamó rey» (probablemente Josefo quiere decir con ello que era considerado un mesías por sus seguidores). Antes de que los romanos mataran a Atrongeo y a cuatro de sus hermanos, uno tras otro, estos bandidos consiguieron «hostigar toda Judea con su bandolerismo». Varo, gobernador romano de Siria, restableció la ley y el orden. Capturó 2.000 «cabecillas» y los crucificó a todos. Esto sucedió en el año en que nació Jesús.

Judas de Galilea pronto se alzó como cabeza visible de las principales fuerzas guerrilleras. Josefo dice que «aspiraba a la realeza», y a veces le caracteriza como «un rabino muy inteligente». En el año 6 d. C. los romanos intentaron realizar un censo. Judas aconsejó a sus compatriotas que se opusieran porque el censo llevaría «nada menos que a la esclavitud total». Josefo pone en boca de Judas las siguientes palabras: «los judíos no conocen otro rey que Yahvé». Por ende, «no debían pagar los impuestos a los romanos» y «Yahvé les asistiría si tenían fe en su causa». Josefo relata que los que estaban dispuestos a someterse a Roma eran tratados como enemigos: su ganado era capturado y sus viviendas incendiadas.

No ha quedado ninguna información referente a cómo y cuándo encontró la muerte Judas de Galilea. Sólo sabemos que sus hijos continuaron la lucha. Dos de ellos fueron crucificados y un tercero reivindicó la condición de mesías a principios de la revolución de los años 68-73. Asimismo el acto final de resistencia en esta guerra, la defensa suicida de la fortaleza de Masada, fue dirigido por otro descendiente de Judas de Galilea.

Jesús comenzó a predicar activamente sus doctrinas mesiánicas alrededor del año 28 d. C. En este tiempo se libraba una «guerra declarada» no sólo en Galilea, sino también en Judea y Jerusalén. El culto de Jesús no era ni la más importante ni la más amenazadora de las situaciones rebeldes a las que tuvo que hacer frente Poncio Pilatos, el gobernador romano que decretó su muerte. Por ejemplo, Josefo describe la formación de una enfurecida multitud ciudadana a la que se unió una enorme afluencia de gentes venidas del campo cuando Pilatos transgredió el tabú judío sobre las imágenes esculpidas en Jerusalén. En otra ocasión, Pilatos fue rodeado por otra multitud enfurecida que protestaba por la malversación de los fondos del templo para la construcción de un acueducto. Sabemos por los Evangelios que el propio Jesús dirigió un ataque contra el templo, y que se produjo algún tipo de sublevación poco antes de su procesamiento, ya que el popular líder bandido Barrabás y algunos de sus hombres se hallaban encarcelados en aquel momento.

Después de la muerte de Jesús, los romanos continuaron tratando de limpiar el territorio rural de Judea de «bandidos». Josefo relata que otro gran jefe bandido llamado Tolomayo fue capturado en el año 44 d. C. Poco después, apareció en el desierto una figura mesiánica llamada Teudas. Sus seguidores abandonaron sus casas y posesiones y se concentraron en masa a orillas del río Jordán. Algunos dicen que Teudas intentó separar las aguas como había realizado Josué; según otros, marchó en dirección contraria, hacia el oeste, en dirección a Jerusalén. No importa; el gobernador romano Cuspio Fado envió la caballería; decapitó a Teudas y mató a sus seguidores.

Durante la fiesta de Pascua en el año 50 d. C. un soldado romano levantó su túnica y se tiró un pedo contra la multitud de peregrinos y adoradores del templo. Josefo escribe que «los jóvenes más impulsivos y los grupos alborotadores por naturaleza de la multitud se precipitaron hacia la batalla». Se requirió la presencia de la infantería pesada romana, lo que provocó un pánico gigantesco en el que, según Josefo, murieron pisoteadas 30.000 personas (algunos dicen que probablemente eran 3.000). El ataque de Jesús contra el templo había coincidido con la peregrinación de Pascua del año 33 d. C. Como veremos, la preocupación ante la reacción de las masas de peregrinos como las que perecieron en el pánico del año 50 d. C., hizo que las autoridades judías y romanas esperaran la caída de la noche para detener a Jesús.

En el año 52 d. C. se desarrolló algo parecido a una rebelión general bajo el liderazgo de Eleazar ben Deinaios, «un bandido revolucionario» que había permanecido en las montañas durante casi veinte años. El gobernador, Cumano, «capturó a los seguidores de Eleazar y mató a muchos más». Pero el desorden se propagó «y continuó el saqueo por todo el país y los espíritus más intrépidos se sublevaron». Intervino el Legado sirio, decapitó a dieciocho partisanos y crucificó a todos los prisioneros capturados por Cumano. Finalmente la rebelión fue aplastada por un nuevo gobernador, Félix, quien prendió a Eleazar y lo envió a Roma, probablemente para ser estrangulado en público. «Los bandidos a los que crucificó –señala Josefo– y los habitantes locales confabulados con los que capturó y castigó eran tantos que no se podían contar.»

En Jerusalén los asesinatos por los hombres del puñal que escondían sus armas bajo sus mantos se habían vuelto entonces algo corriente. Una de sus víctimas más famosas fue el sumo sacerdote Jonatan. En medio de todo este derramamiento de sangre, los contendientes militar-mesiánicos aparecían una y otra vez. Josefo hace referencia a un conjunto de líderes mesiánicos como

canallas, estafadores y embusteros menos criminales por sus actos que por sus intenciones, que causaban, empero, tanto daño como los asesinos. Pretendiendo estar inspirados, planeaban provocar cambios revolucionarios induciendo a la turba a actuar como si estuviese posesa, y conduciéndoles a tierras desérticas bajo el pretexto de que allí Dios les mostraría señales de la libertad venidera.

Félix interpretó esta correría como la primera etapa de una sublevación y ordenó a la caballería romana hacer pedazos a la turba.

A continuación vino un «falso profeta» egipcio judío. Reunió a varios millares de gente «embaucada», les condujo al desierto, después volvió sobre sus pasos e intentó atacar Jerusalén, confirmando, si es que los romanos lo necesitaban, que toda esta gente era políticamente peligrosa. Josefo describe así la situación en Palestina alrededor del año 55 d. C.:

Los fraudes religiosos y los jefes bandidos unieron sus fuerzas e indujeron a mucha gente a la rebelión. Se dividieron en grupos y recorrieron el campo, saqueando las casas de los acaudalados, matando a sus ocupantes y prendiendo fuego a las aldeas, hasta que su locura furiosa penetró hasta el último rincón de Judea. Día a día, el combate adquiría mayor ferocidad.

En el año 66 d. C. los bandidos estaban en todas partes; sus agentes se habían infiltrado entre los sacerdotes del templo y habían forjado una alianza con Eleazar, el hijo del sumo sacerdote Ananías. Eleazar emitió una especie de declaración de independencia: una orden que impedía el sacrificio diario de animales dedicado a la salud de Nerón, emperador reinante. Las facciones pro-romanas y antirromanas empezaron a combatir en las calles de Jerusalén: de una parte los hombres del puñal, los esclavos libertos y el populacho de Jerusalén, capitaneados por Eleazar; de la otra, los sumos sacerdotes, la aristocracia herodiana y la guardia real romana.

Entretanto, en el interior, Manahem, el último hijo superviviente de Judas de Galilea, tomó la fortaleza de Masada, proporcionó a sus bandidos las armas arrebatadas del arsenal y marchó sobre Jerusalén. Irrumpiendo en el caótico escenario, Manahem tomó el mando de la insurrección («como un rey», dice Josefo). Expulsó a las tropas romanas, logró el control del área del templo y asesinó al sumo sacerdote Ananías. Manahem se vistió entonces con las ropas reales y seguido por una comitiva de bandidos armados se dispuso a entrar en el santuario del templo. Pero Eleazar, posiblemente para vengar la muerte de su padre, tendió una emboscada a la comitiva. Manahem huyó, pero fue capturado y «muerto por tortura prolongada».

Los judíos continuaron la lucha, convencidos de que todavía aparecería el verdadero mesías. Tras varios reveses de los romanos, Nerón llamó a su mejor general, Vespasiano, veterano de las campañas contra los britanos. Los romanos recuperaron lentamente el control de las ciudades más pequeñas, empleando para ello 65.000 hombres e ingenios militares y técnicas de asedio más avanzados.

Tras la muerte de Nerón en el año 68 d. C., Vespasiano se convirtió en el candidato electo para el cargo de emperador. Su hijo, Tito, dotado de todos los hombres y equipos que podía necesitar, puso fin a la guerra. Pese a la resistencia fanática, Tito logró entrar en Jerusalén en el año 70 d. C., prendiendo fuego al templo y saqueando y quemando todo lo que encontró a su paso.

Reflexionando sobre el hecho de que el asedio de Jerusalén había costado a los judíos más de un millón de muertos, Josefo denunció amargamente los oráculos mesiánicos. Hubo presagios terribles –luces resplandecientes en el altar, una vaca que parió a un cordero, carros y regimientos armados que corrían por el cielo en la puesta del sol–, pero los bandidos y sus profetas abominables no comprendieron estos signos de su ruina. Estos «estafadores y falsos mensajeros engañaron al pueblo para que creyera que conseguirían, pese a todo, la salvación sobrenatural».

Incluso después de la caída de Jerusalén, los bandidos todavía no podían creer que Yahvé les había abandonado. Un esfuerzo más heroico –un sacrificio más de sangre– y Yahvé decidiría finalmente enviar al verdadero ungido. Como he mencionado con anterioridad, el último sacrificio ocurrió en la fortaleza de Masada en el año 73 d. C. Un bandido llamado Eleazar, descendiente de Ezequías y de Judas de Galilea, exhortó a la fuerza superviviente de 960 hombres, mujeres y niños a matarse unos a otros antes que entregarse a los romanos.

En síntesis: entre los años 40 a. C. y 73 d. C., Josefo menciona por lo menos cinco mesías militares judíos, sin incluir a Jesús o Juan el Bautista. Éstos son: Atrongeo, Teudas, el anónimo «canalla» ejecutado por Félix, el «falso profeta» egipcio judío y Manahem. Pero Josefo alude repetidas veces a otros mesías o profetas de mesías que no se molesta en nombrar o describir. Por añadidura, parece muy probable que el linaje entero de guerrilleros-bandidos-zelotes descendientes de Ezequías a través de Judas de Galilea, Manahem y Eleazar, fuera considerado por muchos de sus seguidores mesías o profetas de mesías. En otras palabras, en la época de Jesús, había tantos mesías en Palestina como en la actualidad hay profetas del *cargo* en los Mares del Sur.

La caída de Masada no marcó el final del estilo de vida militar-mesiánico judío. El impulso revolucionario, continuamente recreado por las exigencias prácticas del colonialismo y la pobreza, estalló de nuevo sesenta años después de Masada en un drama mesiánico todavía más espectacular. En el año 132, Bar Kochva, «Hijo de una Estrella», organizó una fuerza de 200.000 hombres y estableció un Estado judío independiente que duró tres años. A causa de las victorias milagrosas de Bar Kochva, Akiba, el rabino jefe de Jerusalén, le aclamó como mesías. La gente decía ver a Bar Kochva montado sobre un león. Los romanos no habían encontrado desde Aníbal un oponente militar de tal osadía; luchaba en primera línea y en los lugares más peligrosos. Roma perdió una legión entera antes de acabar con él. Los romanos arrasaron mil aldeas, mataron 500.000 personas y deportaron a millares como esclavos. Después generaciones de sabios judíos amargados hablarían arrepentidos de Bar Kochva como el «hijo de una mentira», que les había embaucado para que perdieran su tierra natal.

La historia muestra que el estilo de vida militar-mesiánico judío constituyó un fracaso adaptativo. No consiguió restablecer el reino de David, antes bien provocó la pérdida total de la integridad territorial del Estado judío. Durante los

1.800 años siguientes los judíos serían una minoría subordi-
nada dondequiera que vivieran. ¿Significa esto que el mesianismo militar era un estilo de vida caprichoso, poco práctico, incluso maníaco? ¿Tenemos que concluir, siguiendo a
Josefo y a los que después condenaron a Bar Kochva, que los
judíos perdieron su tierra natal al permitir que la quimera
mesiánica les embaucara para atacar el poder invencible de
Roma? Creo que no.

La revolución judía contra Roma fue provocada por las
desigualdades del colonialismo romano, no por el mesianismo militar judío. No podemos juzgar a los romanos como
«más prácticos» o «realistas» simplemente porque fueron
los vencedores. Ambas partes emprendieron la guerra por
razones prácticas y mundanas. Supongamos que George
Washington hubiera perdido la Guerra de la Independencia
Americana. ¿Tendríamos entonces que concluir que el Ejército Continental fue víctima de una conciencia de estilo de
vida irracional entregada a la quimera llamada «libertad»?

En la cultura, como en la naturaleza, frecuentemente sistemas que son producto de fuerzas selectivas no logran sobrevivir, no porque sean deficientes o irracionales, sino
porque encuentran otros sistemas que están mejor adaptados y son más poderosos. Creo haber mostrado que el culto del mesías vengativo, al igual que el *cargo,* estaba adaptado a las exigencias prácticas de una lucha colonial. Tuvo
gran éxito como medio de movilizar la resistencia de masas en ausencia de un aparato formal para reclutar y entre-
nar un ejército. No me atrevería a afirmar que los bandidos-zelotes se hallaban engañados, salvo que se pueda
demostrar que la probabilidad de su derrota era tan grande
desde un primer momento que ningún esfuerzo podía haber conducido a un resultado distinto del que nos revela
actualmente la historia. Pero no hay modo alguno de demostrar que los bandidos-zelotes podían haber predicho la
inevitabilidad de su derrota. La historia nos enseña con

igual contundencia que Judas de Galilea tenía razón y que
los Césares se equivocaban en lo que atañe a la presunta in-
vencibilidad del Imperio romano. El Imperio romano no
sólo fue finalmente destruido, sino que los pueblos que lo
destruyeron eran coloniales como los judíos, y muy inferiores a los romanos en número, equipamiento y técnicas
militares.

Casi por definición, la revolución significa que una población explotada debe adoptar medidas desesperadas frente a
grandes dificultades para derrocar a sus opresores. Clases,
razas y naciones aceptan habitualmente el desafío de estas
dificultades no porque sean embaucados por ideologías
irracionales, sino porque las alternativas son lo bastante de-
testables como para que valga la pena correr riesgos todavía
mayores. Creo que ésta es la razón por la que los judíos se re-
belaron contra Roma. Y también la razón por la que la conciencia militar-mesiánica judía experimentó una gran expansión en la época de Jesús.

En la medida en que el culto del mesías vengativo estaba
arraigado en la lucha práctica contra el colonialismo romano, el culto del mesías pacífico toma la forma de una paradoja aparentemente inexplicable. El mesías pacífico del
cristianismo aparece en el momento más inverosímil en la
trayectoria de ciento ochenta años de guerra contra Roma.
El culto a Jesús se desarrolló mientras la conciencia militar-
mesiánica se aceleraba, se extendía y se elevaba hasta el éx-
tasis sin mancha de la gracia de Yahvé. Su aparición en el
tiempo parece totalmente equivocada. En el año 30 d. C. el
impulso revolucionario de los bandidos-zelotes no había encontrado todavía ningún obstáculo importante. El templo
estaba intacto y era escenario de grandes peregrinaciones
anuales. Los hijos de Judas de Galilea estaban vivos. El terror
de Masada era todavía imposible de imaginar. ¿Qué razones
podían tener los judíos para suspirar por un mesías pacífico
tantos años antes de que el sueño militar-mesiánico ungiera

a Manahem y Bar Kochva? ¿Qué razones podía haber para entregar Palestina a los señores feudales romanos cuando el poder romano ni siquiera había hecho aún una muesca en el borde del escudo sagrado de Yahvé? ¿Por qué una nueva alianza mientras la antigua era todavía capaz de sacudir por dos veces el Imperio romano?

El secreto del Príncipe de la Paz

La elaboración onírica de la civilización occidental no difiere radicalmente de las de otros pueblos. Sólo necesitamos un conocimiento de las circunstancias prácticas para penetrar sus misterios.

En el caso presente, hay en realidad muy pocas opciones prácticas entre las que elegir. Sería más conveniente si la fecha del ministerio de Jesús fuera incorrecta, si se pudiera mostrar que Jesús no había empezado a instar a sus compatriotas judíos a amar a los romanos hasta después de la caída de Jerusalén. Pero es inconcebible un error de cuarenta años en la cronología convencional de acontecimientos como la rebelión de Judas de Galilea contra los impuestos o el gobierno de Poncio Pilatos.

Aunque no podemos equivocarnos sobre *el momento* en que habló Jesús, hay muchas razones para suponer que estamos equivocados en cuanto al *contenido* de sus enseñanzas. Una sencilla solución práctica a las preguntas planteadas al final del capítulo anterior consiste en que Jesús no era tan pacífico como se suele creer, y que sus verdaderas enseñanzas no representaban una ruptura fundamental con la tradición del mesianismo militar judío. Una fuerte tendencia a favor de los bandidos-zelotes y en contra de los romanos impregnó probablemente su ministerio original. Es probable que la ruptura decisiva con la tradición mesiánica judía se produjera sólo después de la caída de Jerusalén, cuando los cristianos judíos que vivían en Roma y en otras ciudades del Imperio se desprendieron de los componentes político-militares originales de las doctrinas de Jesús como respuesta adaptativa a la victoria romana. Al menos éste es en síntesis el argumento que emplearé ahora para relacionar las paradojas del mesianismo pacífico con la conducción de los asuntos humanos prácticos.

La continuidad entre las enseñanzas originales de Jesús y la tradición militar-mesiánica viene sugerida por el estrecho vínculo existente entre Jesús y Juan el Bautista. Vestido con pieles de animales y alimentándose sólo de langostas y miel silvestre, Juan el Bautista corresponde claramente a este tipo de hombres santos a los que Josefo describe como errantes por las tierras yermas del Valle del Jordán, incitando a los campesinos y esclavos y creando conflictos a los romanos y a su clientela judía.

Los cuatro Evangelios están de acuerdo en que Juan el Bautista fue el precursor inmediato de Jesús. Su misión consistió en realizar la obra de Isaías, ir al desierto –las tierras del interior plagadas de bandidos y repletas de cuevas en las que resonaban los ecos de la alianza de Yahvé– y proclamar a los cuatro vientos: «Aparejad el camino del Señor, enderezad sus sendas». (Arrepentíos de vuestros pecados, reconoced vuestra culpa para que podáis ser recompensados con el imperio prometido.) Juan «bautizaba» a los judíos que confesaban su culpa y verdaderamente deseaban la penitencia, bañándoles en un río o fuente para purificar simbólicamente sus pecados. Según los Evangelios, Jesús fue el penitente más famoso del Bautista. Tras haberse bañado en el río Jordán, Jesús emprendió la fase culminante de su vida, el período de predicación activa que le llevó a su muerte en la cruz.

La carrera de Juan el Bautista reproduce la pauta de los oráculos del desierto descritos en el capítulo anterior. Cuando las multitudes que le rodeaban se hicieron demasiado numerosas, fue detenido por el guardián más cercano de la ley y el orden romanos. Dio la casualidad de que éste era el rey marioneta, Herodes Antipas, gobernador de la parte de Palestina al este del Jordán donde el Bautista había sido más activo.

No hay ningún indicio en los Evangelios de que Juan el Bautista pudiera haber sido detenido porque sus actividades fueran consideradas como amenaza a la ley y al orden. Está ausente toda la dimensión político-militar. En cambio, se nos dice que se produjo la detención de Juan el Bautista por sus críticas al matrimonio entre Herodes y Herodías, la mujer divorciada de uno de los hermanos de Herodes. La historia llega a atribuir la ejecución de Juan el Bautista no a motivos políticos, sino al deseo de venganza de Herodías. Herodías mandó a su hija Salomé que danzara para el rey Herodes. El rey quedó tan complacido con la actuación que promete a la bailarina todo lo que desee. Salomé anuncia que quiere la cabeza de Juan el Bautista en una bandeja y Herodes accede. Se dice que Herodes tuvo remordimiento, como más tarde se dijo de Poncio Pilatos en la ejecución de Jesús. Examinando lo que Juan el Bautista hablaba a las multitudes en el desierto antes de ser detenido, la falta de referencias políticas y el remordimiento atribuido a Herodes parecen completamente fuera de lugar. Lo que Juan predicaba era una pura amenaza militar-mesiánica:

Viene el que es más fuerte que yo; él os bautizará en Espíritu Santo y fuego. En su mano tiene su bieldo para limpiar su era y allegar el trigo en su granero; mas la paja la quemará con fuego inextinguible.

¿Estaba ciego Herodes Antipas a la conexión entre los oráculos del desierto y los bandidos-zelotes? Un rey cuyo reino habría de durar cuarenta y tres años y que era el hijo del tirano asesino de bandidos Herodes el Grande no podía permanecer indiferente a los peligros que entrañaba el permitir que gente como Juan el Bautista atrajera grandes multitudes al desierto. Y, ¿cómo un oráculo cuyo mesías no estaba relacionado con la causa de los bandidos-zelotes podía atraer multitudes tan numerosas?

El lugar del Bautista en la tradición militar-mesiánica se ha esclarecido como consecuencia del descubrimiento de los manuscritos del Mar Muerto. Estos documentos fueron descubiertos en una cueva cerca de las ruinas de una antigua comunidad precristiana llamada Quamran, situada en la región donde Juan bautizó a Jesús. La misma Quamran era una comuna religiosa dedicada, como Juan el Bautista, a «limpiar el sendero en el desierto». Según la rica y anteriormente desconocida literatura sagrada de la comuna, la historia de los judíos se encaminaba a un harmagedón en el que el Imperio romano encontraría su ruina. Roma sería sustituida por un nuevo imperio con su capital en Jerusalén, gobernado por un mesías militar descendiente de una rama de la Casa de David, más poderoso que ningún César visto jamás en la tierra. Los judíos, «Hijos de la Luz», dirigidos por el «ungido de Israel», general invencible, comandante en jefe, iban a librar batalla contra los romanos, «Hijos de las Tinieblas». Sería una guerra de aniquilación. Veintiocho mil guerreros judíos y 6.000 aurigas atacarían a los romanos. «Emprenderían la persecución para exterminar al enemigo en una aniquilación eterna... hasta destruirlo del todo.» La victoria estaba garantizada porque «como tú nos has declarado desde antaño: "de Jacob saldrá una estrella, de Israel surgirá un cetro"» (la profecía en el Libro de los Números que se aplicaría más tarde a Bar Kochva). Israel vencería «porque en el pasado, has devorado mediante tus ungidos el mal como una antorcha encendida en una andana de grano... porque desde antaño has proclamado que el enemigo... caería por una espada no humana, y una espada no humana lo devorará».

Los quamranitas habían elaborado el orden de batalla hasta en sus últimos pormenores. Incluso disponían de un canto de victoria:

> Levántate, ¡Oh Valiente!
> Lleva a Tus cautivos, ¡Oh Hombre glorioso!
> Saquea, ¡Oh valeroso!
> ¡Pon Tu mano sobre el cuello de Tus enemigos
> y Tus pies sobre el montón de los muertos!
> ¡Golpea a Tus naciones enemigas
> y deja que Tu espada devore la carne culpable!
> ¡Colma la tierra de gloria
> y a Tu herencia de bendición!
> ¡Una multitud de ganado en Tus pastos,
> plata y oro y piedras preciosas en tus palacios!
> ¡Oh, Sión, regocíjate mucho!
> ¡Oh, Jerusalén, aparece entre gritos de alegría!
> ¡Oh, todas las ciudades de Judá, mostraos!
> Abrid vuestras puertas para siempre.
> ¡Que entren los ricos de las naciones!
> ¡Y que sus reyes te sirvan,
> y que todos tus opresores se dobleguen ante ti!
> ¡Y que muerdan el polvo a Tus pies!

Sabemos que los quamranitas enviaron misioneros para que actuaran como vanguardia del Ungido. Se dice que éstos, al igual que Juan el Bautista, comían langostas y miel silvestre, y se vestían con pieles de animales. Su tarea, como la de éste, era conseguir el arrepentimiento de los hijos de Israel. No se puede demostrar que practicaran el bautismo, pero los arqueólogos han descubierto en el mismo Quamran extensas instalaciones para baños rituales. El ritual del bautismo de Juan muy bien pudo haberse introducido como forma abreviada de los ritos de purificación y abluciones más extensas realizados en los baños de la comuna y que de una u otra forma eran parte importante de las ideas judías sobre la purificación espiritual.

Creo que un punto que necesita especial énfasis aquí lo

constituye el hecho de que ni siquiera se aluda a la existencia de esta literatura en los escritos de personas tales como Josefo o los autores de los Evangelios cristianos. Sin estos manuscritos no sabríamos nada en absoluto sobre lo que hacían estos hombres santos combatientes, puesto que Quamran fue destruida por los romanos en el año 68 d. C. Los miembros de la comuna sellaron su librería sagrada en vasijas y las escondieron en cuevas cercanas antes de que los «Hijos de las Tinieblas» atacaran y destruyeran la comuna. Dada la imposibilidad de que fueran falsificados durante los dos mil años en que permaneció olvidada su existencia, los manuscritos constituyen en la actualidad una de las grandes fuentes de información sobre el judaísmo en el período inmediatamente anterior, coetáneo y posterior a la época de Jesús.

Los manuscritos de Quamran hacen sumamente difícil separar las enseñanzas de Juan el Bautista tal como se relatan en los Evangelios de la corriente principal de la tradición militar-mesiánica judía. En el ambiente de la guerra de guerrillas prolongada y sangrienta con Roma, la metáfora del Bautista de la «paja quemada con fuego inextinguible» no puede oponerse lógicamente a la predicción de los quamranitas sobre una «antorcha encendida en una andana de grano». No pretendo saber qué es exactamente lo que se proponía Juan el Bautista, pero el contexto terrenal en el que deberíamos juzgar su conducta no puede ser el de una religión que todavía no había nacido. Sólo puedo pensar en sus dichos y hechos relatados en el contexto de una chusma polvorienta y agitada de campesinos, guerrilleros, evasores de impuestos y ladrones, metidos hasta las rodillas en el Jordán, consumidos por un odio insaciable contra los tiranos herodianos, los sacerdotes marionetas, los arrogantes gobernadores romanos y los soldados paganos que se tiraban pedos en los lugares sagrados.

Inmediatamente después de la captura del Bautista –probablemente mientras esperaba juicio en la prisión de Herodes Antipas– Jesús comenzó a predicar precisamente entre el mismo tipo de gentes y bajo las mismas condiciones de riesgo. La semejanza en el estilo de vida era tan grande que al menos dos de los primeros discípulos de Jesús –los hermanos Andrés y Simón Pedro (San Pedro)– fueron antiguos seguidores del Bautista. Herodes Antipas encontró después tan poca diferencia entre Jesús y el Bautista que se dice que observó: «Es Juan a quien decapité; ha resucitado de entre los muertos». Al principio Jesús realizó la mayor parte de su predicación en el interior del país, realizando milagros y atrayendo grandes multitudes. Probablemente siempre se adelantaba a la policía. Al igual que Juan el Bautista y los mensajeros mesiánicos mencionados por Josefo, Jesús emprendió una serie de enfrentamientos que sólo podían acabar con su detención o con una insurrección cataclísmica.

La lógica de su creciente popularidad condujo a Jesús a hazañas cada vez más peligrosas. Muy pronto, él y sus discípulos iniciaron la actividad misionera en Jerusalén, la capital prometida del futuro Sacro Imperio Judío. Invocando deliberadamente el simbolismo mesiánico del Libro de Zacarías, Jesús cruzó las puertas montado en un asno (o posiblemente en una jaca). Los catequistas afirman que hizo esto porque significaba la intención de «hablar de la paz a los paganos». Esto es ignorar el significado tremendamente militar-mesiánico de los vaticinios de Zacarías. Pues tras de aparecer el mesías de Zacarías, humildemente y montado en un asno, los hijos de Sión «devoran y someten»... y «serán en el combate como valientes que pisotean a sus enemigos en el lodo de las calles... porque el Señor está con ellos y serán confundidos quienes cabalgan caballos».

La figura humilde sobre el asno no era un mesías pacífico. Era el mesías de una pequeña nación y su príncipe de la guerra aparentemente inofensivo, un descendiente de David, quien también se alzó de la aparente debilidad para confundir y someter a los jinetes y aurigas enemigos. Los paganos tendrían la paz, pero sería la paz del largamente esperado Sacro Imperio Judío. Así es al menos cómo las muchedumbres que se alineaban en el camino interpretaron lo que estaba sucediendo, ya que gritaban al pasar Jesús: «¡Hossana! ¡Bendito el que viene en nombre del Señor! ¡Bendito el reino, que viene, de nuestro Padre David!»

No había nada especialmente pacífico en lo que Jesús y sus discípulos realizaron después de haber entrado en la ciudad. Al elegir invadir Jerusalén justo antes del inicio de la Pascua, se aseguraban la protección de los millares de peregrinos que llegaban del campo y de todo el Mediterráneo durante las fiestas. Bandidos-zelotes, campesinos, jornaleros, mendigos y otros grupos potencialmente volubles, todos confluían en masa al mismo tiempo en la ciudad. Durante el día Jesús estaba rodeado en todas partes, por muchedumbres tumultuosas y extáticas. Al atardecer se retiraba a las casas de sus amigos, ocultando su paradero a todos salvo al núcleo íntimo de los discípulos.

Jesús y sus discípulos nada hicieron que los hubiera distinguido de los miembros de un movimiento militar-mesiánico incipiente. Incluso provocaron al menos una confrontación violenta. Entraron violentamente en el patio del gran templo y atacaron físicamente a los mercaderes autorizados que cambiaban dinero de modo que los peregrinos extranjeros pudieran comprar animales sacrificiales. El mismo Jesús utilizó un látigo durante este incidente.

Los Evangelios relatan cómo Caifás, el sumo sacerdote, «acordó» prender a Jesús. Dado que Caifás había sido testigo del ataque violento contra los cambistas, no podía tener duda alguna sobre la legalidad de encarcelar a Jesús. Lo que Caifás tenía que planear era cómo detener a Jesús sin provocar a toda la gente que creía que él era el mesías. Las masas eran sumamente peligrosas en aquellos días antes de la invención de los fusiles y los gases lacrimógenos, especialmente si la gente creía tener un líder invencible. Así, Caifás

dio órdenes a la policía para que prendiera a Jesús, pero
«no durante la fiesta, no sea que se arme un alboroto en el
pueblo».

Ciertamente, la muchedumbre que rodeaba a Jesús no había tenido tiempo de adoptar un estilo de vida no violento. Incluso sus discípulos más íntimos evidentemente no estaban
preparados para «poner la otra mejilla». Al menos dos de ellos
tenían apodos que sugieren su vinculación con activistas
combatientes. Uno era Simón, llamado «El Zelote», y el otro
era Judas, llamado «Iscariote». Hay una semejanza extraña
entre Iscariote y *sicarri*, la palabra que utiliza Josefo para identificar a los homicidas hombres del puñal. Y en algunos manuscritos del latín clásico Judas se llama en realidad *Zelotes*.

Otros dos discípulos tenían apodos militares: Santiago y
Juan, los hijos del Zebedeo. Se llamaban «Boanergés», que
Marcos traduce del arameo como «hijos del Trueno» y
que también podía significar «los feroces», «los coléricos».
Los hijos del Zebedeo merecían su reputación. En un momento de la narración evangélica quieren destruir una aldea
samaritana entera porque la gente no había acogido a Jesús.

Los Evangelios también indican que algunos discípulos
llevaban espadas y estaban dispuestos a oponer resistencia a
la detención. Justo antes de ser detenido, Jesús dijo: «el que
no tenga espada, que venda su manto y se compre una». Esto
movió a los discípulos a mostrarle dos espadas, lo que indica
que al menos dos de ellos no sólo estaban armados habitualmente, sino que habían ocultado sus espadas bajo sus ropas... como los hombres del puñal.

Los cuatro Evangelios registran el hecho de que los discípulos opusieron resistencia armada en el momento del pren-
dimiento de Jesús. Después de la cena de Pascua, Jesús y su
círculo íntimo se retiró a un huerto en Getsemaní donde se
dispuso a pasar la noche. El sumo sacerdote y sus hombres,
conducidos por Judas Iscariote, se abalanzaron sobre ellos
mientras Jesús rezaba y el resto dormía. Los discípulos saca-

ron sus espadas y se produjo una breve lucha en la que uno de los policías del templo perdió una oreja. Tan pronto como la policía prendió a Jesús, los discípulos dejaron de combatir y huyeron en la noche. Según Mateo, Jesús dijo a uno de sus discípulos que envainara su espada, una orden que el discípulo obedeció pero que evidentemente no estaba preparado para escuchar, puesto que inmediatamente desertó.

En la narración evangélica, el precio dado a Judas se asemeja a la denuncia de Juan el Bautista contra Herodías. Si Judas era de veras *Zelotes,* un bandido-zelote, podía haber traicionado a Jesús por razones tácticas o estratégicas, pero nunca simplemente por dinero. (Una teoría consiste en que Jesús no era bastante combatiente.) Al identificar la motivación de Judas como pura codicia, los Evangelios pueden haber repetido sencillamente el tipo de distorsión que Josefo y los romanos empleaban automáticamente con respecto a todos los bandidos-zelotes. Pero los bandidos zelotes se mostraban dispuestos a matar sin ser pagados: esto al menos debería desprenderse de los sucesos descritos en el capítulo anterior.

¿Por qué huyeron todos los discípulos, y por qué Simón Pedro negó tres veces a Jesús antes de que amaneciera? Porque como judíos compartían con Caifás la conciencia de estilo de vida de sus antepasados y entendían que el mesías tenía que ser un príncipe militar invencible y capaz de realizar prodigios.

Todo esto lleva a una conclusión: la conciencia de estilo de vida compartida por Jesús y su círculo íntimo de discípulos no era la de un mesías pacífico. Aunque los Evangelios pretenden negar claramente la capacidad de Jesús de realizar actos políticos violentos, conservan lo que parece ser una corriente subyacente de dichos y hechos contradictorios que vinculan a Juan el Bautista y a Jesús con la tradición militar-mesiánica y los implican en la guerra de guerrillas. La razón de esto está en que en el tiempo en que se escribió el primer Evangelio, los dichos y hechos no pacíficos que los testigos oculares y las fuentes apostólicas irrecusables habían atribuido a Jesús eran muy conocidos entre los fieles. Los escritores de los Evangelios cambiaron el equilibrio de la conciencia de estilo de vida del culto de Jesús en la dirección de un mesías pacífico, pero no podían borrar del todo las huellas de la continuidad con la tradición militar-mesiánica. A este respecto la ambigüedad de los Evangelios se demuestra mejor disponiendo algunos de los enunciados más pacíficos de Jesús en una columna y las negaciones inesperadas en otra:

Bienaventurados los que hacen obras de paz. (Mateo 5:9)	No os imaginéis que vine a poner paz sobre la tierra; no vine a poner paz, sino espada. (Mateo 10:34)
Si uno te abofetea la mejilla derecha, vuélvele también la otra. (Mateo 5:39)	¿Pensáis que vine a traer paz a la tierra? No, os lo aseguro, sino más bien la división. (Lucas 12:51)
Todos los que empuñan espada, a espada perecerán. (Mateo 26:52)	Quien no tenga espada, venda su manto y cómprese una. (Lucas 22:36)
Amad a vuestros enemigos, haced bien a los que os aborrecen. (Lucas 6:27)	Y habiendo hecho un azote de cordeles, echóles a todos del templo... y desparramó las monedas de los cambistas y volcó sus mesas. (Juan 2:15)

Debo señalar también en este momento la interpretación evidentemente falsa o dada tradicionalmente a lo que Jesús dijo cuando le preguntaron si los judíos debían pagar impuestos a los romanos: «Dad al César lo que es del César y a Dios lo que es de Dios». Esto sólo podía significar una cosa para los galileos que habían participado en la rebelión de Judas de Galilea contra los impuestos, a saber: «No pagar». Pues Judas de Galilea había dicho que todas las cosas en Palestina pertenecían a Dios. Pero los autores de los Evangelios y sus lectores probablemente nada sabían de Judas de Galilea, por lo que conservaron la respuesta sumamente provocativa de Jesús en el supuesto erróneo de que mostraba una actitud genuinamente conciliatoria hacia el gobierno romano.

Después de haberle capturado, los romanos y sus clientes judíos continuaron tratando a Jesús como si fuera el líder de una rebelión militar-mesiánica real o pretendida. El Sanedrín le procesó por haber dicho profecías blasfemas y falsas. Pronto le encontró culpable y le entregó a Poncio Pilatos para un segundo juicio con acusaciones seculares. La razón de esto parece clara. Como he mostrado en el capítulo sobre el *cargo*, los mesías populares en contextos coloniales siempre son culpables de un crimen político-religioso, nunca simplemente religioso. A los romanos no les preocupaba en absoluto la violación de los códigos religiosos de los nativos realizada por Jesús, pero les inquietaba profundamente su amenaza de destruir el gobierno colonial.

Las predicciones de Caifás sobre cómo la muchedumbre reaccionaría una vez que se mostrara a Jesús indefenso se verificaron totalmente. Pilatos exhibió públicamente al hombre condenado y no se alzó ninguna voz en señal de protesta. Pilatos llegó incluso a ofrecer dejar en libertad a Jesús si la turba lo deseaba. Los Evangelios afirman que Pilatos hizo este ofrecimiento porque él mismo creía que Jesús era inocente, pero debemos recordar que Pilatos era un militar astuto y de mano dura, que siempre tuvo problemas con la turba de Jerusalén. Según Josefo, Pilatos atrajo una vez a varios miles de personas al estadio de Jerusalén, les rodeó de soldados y amenazó con cortarles la cabeza. En otra ocasión, sus hombres se infiltraron entre la turba poniéndose ropas civiles sobre la armadura y a una señal determinada golpearon a todos los que encontraban a su alcance. Al presentar a Jesús al gentío que hasta ayer mismo le había adorado y protegido, Pilatos se sirvió de la lógica inexorable de la tradición militar-mesiánica para impresionar a los nativos con su propia estupidez. Ahí estaba su libertador presuntamente divino, Rey del Sacro Imperio Judío, totalmente desvalido frente a unos pocos soldados romanos. La multitud pudo muy bien haber respondido exigiendo la muerte de Jesús como impostor religioso, pero Pilatos no estaba interesado en crucificar a charlatanes religiosos. Para los romanos Jesús era sólo otro personaje subversivo que merecía el mismo destino que todos los demás bandidos y revolucionarios agitadores de masas que seguían saliendo del desierto. Ésta es la razón por la que el título sobre la cruz de Jesús rezaba «Rey de los Judíos».

S. G. F. Brandon, antiguo decano de la Escuela de Teología de la Universidad de Manchester, nos recuerda que Jesús no fue crucificado solo; los Evangelios relatan que su destino fue compartido por otros dos criminales declarados culpables. ¿Cuál fue el crimen por el que los compañeros de Jesús fueron condenados a muerte? En las versiones en lengua inglesa de los Evangelios se dice que eran «ladrones». Pero el término original del manuscrito griego para ellos era *lestai,* precisamente el mismo término que Josefo utilizó para aludir a los bandidos-zelotes. Brandon cree que incluso podemos especificar todavía más quiénes eran en realidad estos «bandidos». Marcos afirma que en el transcurso del proceso de Jesús, la cárcel de Jerusalén encerraba cierto número de prisioneros que «habían participado en un motín». Si los compañeros de Jesús provenían de estos amotinados, la horrorosa escena del Gólgota cobra una unidad que de lo contrario estaría ausente: el su-

puesto rey mesiánico de los judíos en el centro, flanquea-
do por dos bandidos-zelotes, una escena compatible con
todo lo que sabemos de la mentalidad de los oficiales coloniales resueltos a enseñar la ley y el orden a los nativos rebeldes.

Los cuatro Evangelios convergen en el espectáculo som-
brío del sufrimiento de Jesús en la cruz mientras a los discípulos no se les ve por ninguna parte. Los discípulos no podían creer que un mesías permitiera ser crucificado. Todavía
no habían vislumbrado la más pequeña idea de que el culto a
Jesús tenía que ser el culto de un salvador pacífico más que
vengativo. De hecho, como apunta Brandon, el Evangelio de
Marcos alcanza fuerza dramática por el fracaso de los discípulos en captar la razón por la que su mesías no destruiría a
sus enemigos y no se libraría de la muerte.

Sólo después de la desaparición del cuerpo de Jesús de la
tumba se llegó a comprender su aparente falta de poder mesiánico. Algunos discípulos comenzaron a tener visiones, lo
que les permitió comprender que la prueba habitual del carácter mesiánico, la victoria, no se aplicaba a Jesús. Inspirados por sus visiones, dieron el paso importante, pero no totalmente sin precedentes, de argüir que la muerte de Jesús no
demostraba que era falso mesías; más bien demostraba que
Dios había proporcionado a los judíos otra oportunidad crítica de mostrarse dignos de la alianza. Jesús volvería si la
gente se arrepentía de sus dudas y pedía el perdón de Dios.

No hay razón alguna para suponer que esta reinterpreta-
ción del significado de la muerte de Jesús condujera de golpe
a un rechazo del significado militar y político de su condición mesiánica. Hay elementos de juicio que respaldan el
punto de vista sostenido de modo convincente por el profesor Brandon: la mayor parte de los judíos que esperaban la
vuelta de Jesús en el período entre su crucifixión y la caída
de Jerusalén seguían esperando un mesías que derrocaría a
Roma y convertiría a Jerusalén en la capital del Sacro Impe-

rio Judío. Al principio de los Hechos de los Apóstoles, relato
de Lucas sobre lo sucedido tras la muerte de Jesús, el significado político de la vuelta de Jesús predomina en la mente de
los apóstoles. La primera cuestión que plantearon al Jesús
resucitado es: «Señor, ¿en esta sazón vas a restablecer el reino a Israel?» Otra fuente del Nuevo Testamento, el Libro del
Apocalipsis, describe la vuelta de Jesús como un jinete con
muchas diademas sobre la cabeza, montando en un caballo
blanco, que juzga y hace guerra, cuyos ojos son como «llama
de fuego», viste un manto «salpicado de sangre», y rige a las
naciones con «vara de hierro», y que vuelve a «pisar el lagar
del vino del furor de la cólera del Dios omnipotente».

También encontramos elementos de juicio que coinciden
sobre este punto en los manuscritos del Mar Muerto. He dicho hace un momento que la idea de un mesías que resucita
de entre los muertos tenía precedentes. Los manuscritos del
Mar Muerto aluden a un «maestro de la justicia» a quien dan
muerte sus enemigos pero que vuelve para cumplir la tarea
mesiánica. Como los quamranitas, los primeros cristianos
judíos se organizaron en una comuna mientras esperaban la
vuelta de su «maestro de la justicia».

En los Hechos de los Apóstoles se afirma:

Y todos los que habían abrazado la fe vivían unidos, y tenían todas
las cosas en común; y vendían las posesiones y los bienes, y lo repar-
tían entre todos, según que cada cual tenía necesidad... Porque tampoco había entre ellos menesteroso alguno, pues cuantos había propietarios de campos o casas, vendiéndolo, traían el producto de lo
vendido y lo ponían a los pies de los apóstoles.

Es de gran interés el hecho de que los manuscritos del Mar
Muerto contengan prescripciones para establecer comunidades de judíos penitentes en las ciudades, que se organiza-
rían siguiendo las mismas directrices comunistas. Ésta es
una prueba adicional de que los combatientes de Quamran
y los cristianos judíos respondían de forma similar a condi-

ciones similares o eran en realidad aspectos o ramas de un mismo movimiento militar-mesiánico.

Como he indicado al principio de este capítulo, la imagen de Jesús como el mesías pacifista no se perfeccionó probablemente hasta después de la caída de Jerusalén. Durante el intervalo entre la muerte de Jesús y la redacción del primer Evangelio, Pablo sentó las bases para el culto del mesianismo pacífico. Pero aquellos para los que Jesús era principalmente un redentor militar-mesiánico judío, dominaban el movimiento en el período de la actividad guerrillera en expansión que llevó a la confrontación del año 68 d. C. El entorno práctico en el que se escribieron los Evangelios, que describen un mesías puramente pacífico y universal, era la consecuencia de la infructuosa guerra judía contra Roma. Un mesías puramente pacífico era una necesidad práctica cuando los generales que acababan de derrotar a los revolucionarios mesiánicos judíos –Vespasiano y Tito– llegaron a ser los gobernantes del Imperio romano. Antes de esta derrota, era una necesidad práctica para los cristianos judíos de Jerusalén permanecer fieles al judaísmo. Después de ella, los cristianos judíos de Jerusalén ya no podían dominar a las comunidades cristianas de otras partes del Imperio, mucho menos a todos aquellos cristianos que vivían en Roma bajo la tolerancia de Vespasiano y Tito. Como consecuencia de la desafortunada guerra mesiánica, la negación de que el culto cristiano había nacido de la creencia judía en un mesías que iba a derrocar el Imperio romano pronto se convirtió en un imperativo práctico.

La comuna de Jerusalén era dirigida por un triunvirato llamado los «pilares» en los Hechos de los Apóstoles integrado por Santiago, Pedro y Juan. Entre éstos, Santiago, identificado por Pablo como el «hermano del Señor» (se desconoce la conexión genealógica precisa), pronto demostró ser la figura preeminente. Santiago encabezó la lucha contra el intento de Pablo de oscurecer los orígenes militar-mesiánicos judíos del movimiento de Jesús.

Aunque Jerusalén siguió siendo el centro del cristianismo hasta el año 70 d. C., el nuevo culto se difundió pronto fuera de las fronteras de Palestina hasta muchas de las comunidades de comerciantes, artesanos y sabios judíos que residían en todas las ciudades importantes del Imperio romano. Los judíos de ultramar conocían a Jesús a través de misioneros que recorrían las sinagogas del extranjero. El nombre de nacimiento de Pablo, el más importante de estos misioneros, era Saulo de Tarso, un judío que hablaba griego, cuyo padre había adquirido la ciudadanía romana para él y su familia. Pablo insistía en que se había convertido en apóstol de Jesús por la autoridad de la revelación y sin contacto directo con los apóstoles originarios en Jerusalén. En su Epístola a los Gálatas, escrita entre los años 49 y 57 d. C., Pablo decía que había realizado su actividad misionera en Arabia y Damasco durante tres años y que nunca había hablado con ninguno de los apóstoles originarios. Esta carta declara que en aquel tiempo hizo una breve visita a Simón Pedro y habló con Santiago, «el hermano del Señor».

En los quince años siguientes, Pablo se puso en camino de nuevo, viajando de ciudad en ciudad. Sus primeros conversos eran casi siempre judíos. Esto tenía que ser así, puesto que los judíos estaban más familiarizados con el linaje profético que, según Pablo, se consumaba en Jesús. Aun cuando Pablo no hubiera estudiado con rabinos, no hubiera hablado hebreo y no se hubiera considerado judío, sin embargo, habría descubierto que los judíos dispersos por la parte oriental del Imperio romano eran el pueblo más apropiado para responder a la llamada del culto de Jesús. No sólo constituían uno de los grupos más numerosos de personas desplazadas en el Imperio, sino que también se encontraban entre los más influyentes y hasta el año 71 d. C. gozaron de muchos privilegios que se negaban a otras etnias. Pablo tenía entre tres y siete millones de judíos fuera de Palestina entre los cuales hacer proselitismo, más del doble de los que tenía Santiago en el interior de Palestina; y prácticamente todos los judíos extranjeros vivían en ciudades grandes o pequeñas.

Pablo realizaba un esfuerzo especial para reclutar entre los no judíos cuando era rechazado por alguna comunidad judía de ultramar. Pero esto tampoco constituía novedad alguna. Atraídos por las ventajas sociales y económicas de que gozaban los judíos como consecuencia de su larga experiencia en ambientes cosmopolitas, siempre había habido un flujo incesante de conversos al judaísmo. Los conversos varones eran acogidos como judíos siempre que estuvieran dispuestos a cumplir los mandamientos y se circuncidaran. La mayor novedad relacionada con la actividad proselitista de Pablo no era su mensaje mesiánico sino su voluntad de bautizar a los no judíos como cristianos sin preocuparse de que se circuncidaran o se confirmaran como judíos.

Los Hechos de los Apóstoles declaran que Pablo volvió a Jerusalén tras una ausencia prolongada y suplicó a Santiago y a los ancianos de Jerusalén que no obstaculizaran sus esfuerzos por convertir a los no judíos al cristianismo. El veredicto de Santiago consistió en que los no judíos podían convertirse al cristianismo sin someterse a la circuncisión siempre que renunciaran a la idolatría, la fornicación y la carne estrangulada o manchada de sangre. Pero Santiago y los miembros de la comuna de Jerusalén insistían en que los cristianos incircuncisos eran inferiores a los cristianos judíos. Pablo relata que cuando Simón Pedro le visitó en Antioquía, todos los cristianos comían juntos. Pero con la llegada de una comisión de investigación enviada por Santiago, Simón Pedro cesó inmediatamente de comer con los cristianos incircuncisos «por temor a que fueran partidarios de la circuncisión», es decir, por temor a que los comisionados cristianos judíos se lo dijeran a Santiago.

Fue una ventaja para Pablo, dada su audiencia de ultramar, el que no recalcase bien el papel privilegiado asignado a los hijos de Israel en el Sacro Imperio Judío. También le supuso una ventaja el ignorar los componentes militares y políticos mundanos en la misión mesiánica de Jesús. Pero las innovaciones ecuménicas de Pablo crearon un problema estratégico que nunca fue capaz de resolver. Inevitablemente, le llevó a un conflicto más profundo con Santiago y los miembros de la comuna de Jerusalén, ya que la supervivencia de los cristianos de Jerusalén dependía de su capacidad de mantener su reputación como patriotas judíos de buena fe. Para sobrevivir entre las diferentes facciones envueltas en la guerra cada vez más intensa con Roma, era esencial que Santiago continuara rindiendo culto en el templo de Jerusalén y que sus seguidores mantuvieran una imagen de devoción a la ley judía. Su creencia en la pronta reaparición de Jesús había aumentado, no disminuido, su fe en la alianza con Yahvé.

Pablo fue acusado de instar a los judíos de las ciudades extranjeras a hacer caso omiso de las leyes del judaísmo y de tratar a judíos y no judíos como si no existiera diferencia alguna entre ellos, como si judíos y gentiles tuvieran el mismo derecho a las bendiciones de la redención mesiánica venidera. Si esta interpretación del culto de Jesús se hubiera difundido a Jerusalén, hubiera supuesto la ruina de Santiago y sus seguidores. Como señala Brandon: «Desde el punto de vista judío, semejante interpretación no sólo era teológicamente escandalosa, sino que equivalía a una de las apostasías más vergonzosas, una apostasía que afectaba tanto a la raza como a la religión».

Los testimonios conservados de los dichos y hechos de Jesús no proporcionan ningún apoyo al intento de Pablo de desechar la distinción entre judíos y no judíos en las comunas de ultramar. En el Evangelio según Marcos, por ejemplo, una mujer griega siria cae a los pies de Jesús y le pide que expulse los demonios de su hija. Jesús rehúsa: «Deja que primero se sacien los hijos; que no está bien tomar el pan de los

hijos y arrojarlo a los perrillos». La mujer griega le respon-
de, diciendo: «También los perrillos, debajo de la mesa, comen las migajas de los niños», con lo que Jesús se ablanda y
cura a la hija de la mujer. Aquí «hijos» sólo puede significar
«hijos de Israel» y «perrillos» «no judíos», especialmente,
enemigos como los griegos sirios. Este tipo de incidentes y
dichos se conservaron en Marcos y los otros Evangelios por
la misma razón por la que no se pudieron expurgar totalmente los restantes dichos y hechos de carácter vengativo y
etnocéntrico. Había tradiciones orales vivas en las que se
basaban los Evangelios. Muchos testigos oculares como Santiago, Pedro y Juan todavía estaban en activo, testigos oculares que insistían en la autenticidad de los temas militar-mesiánicos y etnocéntricos. Además, Marcos era judío de
nacimiento y por lo tanto es probable que nunca estuviera
del todo libre de cierto grado de ambivalencia sobre las dis-
tinciones étnicas en las que habían insistido antes los funda-
dores de la «iglesia» madre de Jerusalén.

Para proteger la comuna de Jerusalén, Santiago envió
mensajeros rivales con la orden de preservar el significado
judaico del cristianismo; y éstos estaban dispuestos a poner
en peligro la labor proselitista de Pablo impugnando sus cre-
denciales. Pablo era vulnerable a estos ataques puesto que
admitía no haber visto nunca a Jesús salvo en una visión.
Además, continuaba necesitando el apoyo de las sinagogas
del extranjero. Así, en el año 59 d. C., pese a presagios y señales de oráculos, Pablo decidió volver a Jerusalén y poner
las cosas en claro con sus acusadores.

Pablo compareció ante Santiago como una persona acusada ante un juez. Santiago le amonestó, indicando que había miles de judíos en Jerusalén que creían en Jesús, pero todos ellos eran «celadores de la ley». Ordenó entonces a Pablo
demostrar que era un judío fiel y que las acusaciones contra
él eran infundadas, demostrando que «procedes tú también
guardando la ley». Pidió a Pablo que se sometiera a siete días

de ritos de purificación en el templo de Jerusalén. Pablo aceptó estas peticiones, lo cual prueba que: 1) Santiago, el hermano del Señor, era el líder supremo del cristianismo en ese momento; 2) Santiago y los cristianos judíos todavía rendían culto en el templo, no formaban ninguna «iglesia» diferente; 3) los cristianos judíos creían que Jesús volvería para cumplir la alianza de David, convirtiendo a Jerusalén en el centro del Sacro Imperio Judío; 4) todos los creyentes en Jesús y Yahvé, penitentes y bautizados, serían redimidos, pero los cristianos judíos serían más redimidos que el resto.

Pero el intento de Pablo de reafirmar su fidelidad al ideal nacional judío se cortó en seco, indudablemente por traición. Un grupo de peregrinos de Asia le reconoció, incitó a la multitud, le arrastró fuera del templo e intentó matarle a palos. Sólo la intervención oportuna del capitán romano de la guardia salvó a Pablo en esa ocasión. Los sumos sacerdotes le procesaron, y de nuevo se escapó de la muerte por muy poco. Se tramaron más complots contra él, pero finalmente logró escapar de Palestina apelando a su ciudadanía romana y exigiendo ser juzgado por los romanos, no por los judíos. Fue enviado a Roma, donde permaneció bajo arresto domiciliario, pero lo que le sucedió después no se conoce con claridad. Probablemente fue martirizado en el año 64 d. C., cuando el emperador Nerón decidió culpar de un enorme fuego en Roma –que sus enemigos dijeron que él mismo había provocado para limpiar los barrios bajos cerca de su palacio– a una nueva secta sedienta de sangre, que había surgido entre los judíos y cuyos miembros eran «enemigos de la humanidad».

Demasiado tarde para Pablo, el estallido de la guerra total en Palestina alteró drásticamente el contexto político de su abortada misión. Hacia el año 70 d. C., la «iglesia» madre cristiana judía de Jerusalén ya no dominaba a las comunidades cristianas de ultramar. Cesó de ser una fuerza significativa, si es que se puede decir en algún sentido que sobrevivió a la caída de Jerusalén. La prolongada revolución de los años 68-73 envenenó profundamente las relaciones entre los judíos de ultramar y los romanos. También catapultó a las mismas personas responsables de la derrota de los judíos hacia el control del imperio. En el 71 d. C. Vespasiano y su hijo Tito presidieron un impresionante desfile triunfal –conmemorado en el Arco de Tito de Roma– durante el cual fueron conducidos por las calles los prisioneros y el botín judío mientras que el último comandante bandido-zelote de Jerusalén, Simón ben Gioras, era estrangulado en el Foro. Después, Vespasiano trató con dureza a los judíos del imperio, restringiendo sus libertades y desviando los impuestos de su templo al tesoro de Saturno. Durante el resto de este primer siglo después de Cristo el antisemitismo se convirtió en un rasgo establecido de las letras y la vida romana; los judíos responderían con una actitud de ardiente desafío y nuevas insurrecciones, y éstas provocaron represiones intensificadas que acabarían en el segundo harmagedón de Bar Kochva en el año 135 d. C.

Brandon infiere del énfasis puesto por Marcos en la destrucción del templo de Jerusalén como un castigo de los asesinos de Jesús, que este Evangelio, el primero que se compuso y el modelo para los demás, se escribió en Roma después de la caída de Jerusalén. Como dice Brandon, probablemente se escribió como respuesta directa a la celebración de la gran victoria del año 71 d. C.

Las condiciones adecuadas para la difusión del culto de un mesías pacífico estaban por fin presentes en toda su fuerza. Los cristianos judíos se unieron entonces sin reservas a los conversos gentiles para convencer a los romanos de que su mesías difería de los mesías bandidos-zelotes que habían provocado la guerra y que continuaban creando problemas; los cristianos, a diferencia de los judíos, eran pacifistas inofensivos sin ambiciones seculares. El reino cristiano de Dios no era de este mundo; la salvación cristiana se encontraba en la vida eterna más allá de la sepultura; el mesías cristiano había muerto para traer la vida eterna a toda la humanidad; su enseñanza no planteaba ninguna amenaza a los romanos, sólo a los judíos; los romanos fueron absueltos de toda culpa en la muerte de Jesús; los judíos solos le habían matado; Poncio Pilatos fue un mero espectador que nada pudo hacer para impedirlo.

El secreto del mesías pacífico se asentaba en los campos de batalla y en las repercusiones de dos harmagedones terrenales. El culto del mesías pacífico tal como le conocemos no hubiera prosperado si el curso de la batalla se hubiera vuelto contra los «Hijos de las Tinieblas».

La fuente principal de conversos a esta nueva religión, si no en número, sí en influencia, continuó siendo los judíos urbanos dispersos por todo el Mediterráneo oriental. En contra de la leyenda, el cristianismo no hizo ningún progreso entre las grandes masas de campesinos y esclavos que constituían la mayor parte de la población del Imperio. Como señala el historiador Salo W. Baron, *paganus*, la palabra latina para «campesino», se convirtió para los cristianos en sinónimo de «gentil». El cristianismo era sobre todo la religión de grupos étnicos de ciudadanos desplazados. «En las ciudades en las que los judíos sumaban a menudo un tercio o más de la población, esta, por así decirlo, nueva variedad de judaísmo avanzaba triunfalmente.»

La persecución romana provocó muchas más víctimas entre los judíos que continuaban siendo judíos que entre los judíos que se convirtieron al cristianismo. La época de la persecución imperial total de los cristianos no comenzó con Nerón, sino mucho más tarde, después del año 150 d. C. En aquella época, las iglesias cristianas se habían convertido de nuevo en amenaza política a la ley y el orden romanos, ya que se habían concentrado en los centros urbanos, se habían infiltrado en la clase alta romana, mantenían programas de bienestar social eficientes y estaban construyendo una corporación internacional, fiscalmente independiente, dirigida por administradores cualificados. Se habían convertido en un «Estado dentro de un Estado».

No voy a tratar de desarrollar la cadena de acontecimientos mundanos que finalmente llevaron al establecimiento del cristianismo como religión del Imperio romano. Pero al menos hay que señalar esto: Cuando el emperador Constantino tomó esta iniciativa trascendental, el cristianismo ya no era el culto del mesías pacífico. La conversión de Constantino ocurrió en el año 311 d. C., cuando dirigía un pequeño ejército a través de los Alpes. Mientras se acercaba a Roma tuvo una visión de la cruz sobre el sol, y en la cruz vio las palabras HI HOC SIGNO VINCES: «Con este signo vencerás». Jesús se le apareció a Constantino y le mandó blasonar su estandarte militar con la cruz. Bajo este nuevo estandarte, los soldados de Constantino alcanzaron una victoria decisiva. Reconquistaron el Imperio y con ello garantizaron que la cruz del mesías pacífico presidiría la muerte de incalculables millones de soldados cristianos y de sus enemigos hasta la época actual.

Escobas y aquelarres

Así como los «grandes hombres» nos ayudaron a comprender el significado práctico de los mesías, ahora que sabemos algo de los mesías podremos comprender mejor el significado práctico de las brujas. Pero una vez más debo advertir que la relación no será evidente. Debemos considerar algunas cuestiones preliminares antes de poder trazar la conexión.

Se estima que 500.000 personas fueron declaradas culpables de brujería y murieron quemadas en Europa entre los siglos XV y XVII. Sus crímenes: un pacto con el diablo; viajes por el aire hasta largas distancias montadas en escobas; reunión ilegal en aquelarres, adoración al diablo; besar al diablo bajo la cola; copulación con íncubos, diablos masculinos dotados de penes fríos como el hielo; copulación con súcubos, diablos femeninos.

A menudo se agregaban otras acusaciones más mundanas: matar la vaca del vecino; provocar granizadas; destruir cosechas; robar y comer niños. Pero más de una bruja fue ejecutada sólo por el crimen de volar por el aire para asistir a un aquelarre.

Quiero distinguir dos enigmas diferentes en la brujería. En primer lugar se plantea el problema de por qué alguien debería creer que las brujas volaban por el aire en escobas. Y después se plantea el problema, en gran medida diferente, de por qué esta noción llegaría a ser tan popular durante los siglos XVI y XVII. Creo que podemos encontrar soluciones prácticas y mundanas para estos dos enigmas. Para empezar, vamos a centrarnos en la explicación de por qué y cómo las brujas volaban hasta los aquelarres.

Pese a la existencia de un gran número de «confesiones», poco se conoce en realidad sobre historiales de brujas autorreconocidas. Algunos historiadores han mantenido que todo el extraño complejo –el pacto con el diablo, el vuelo en escobas y el aquelarre– fue invención de los quemadores de brujas más que de las brujas quemadas. Pero como veremos, al menos algunas de las acusadas tenían durante la instrucción del proceso un sentido de ser brujas y creían fervientemente que podían volar por el aire y tener relaciones sexuales con los diablos.

La dificultad con las «confesiones» estriba en que se obtenían habitualmente mediante tortura. Ésta se aplicaba rutinariamente hasta que la bruja confesaba haber hecho un pacto con el diablo y volado hasta un aquelarre. Continuaba hasta que la bruja revelaba el nombre de las demás personas presentes en el aquelarre. Si una bruja intentaba retractarse de una confesión, se la torturaba, incluso con más intensidad, hasta que confirmaba la confesión original. Esto dejaba a una persona acusada de brujería ante la elección de morir de una vez por todas en la hoguera o volver repetidas veces a la cámara de tortura. La mayor parte de la gente optaba por la hoguera. Como recompensa por su actitud de cooperación, las brujas arrepentidas podían esperar ser estranguladas antes de que se encendiera el fuego.

Voy a describir un caso típico entre los centenares documentados por el historiador de la brujería europea, Charles Henry Lea. Ocurrió en el año 1601 en Offenburg, ciudad situada en lo que más tarde se llamaría Alemania Occidental. Dos mujeres vagabundas habían confesado bajo tortura ser brujas. Cuando se les instó a identificar a las otras personas que habían visto en el aquelarre, mencionaron el nombre de la esposa del panadero, Else Gwinner. Else Gwinner fue conducida ante los examinadores el 31 de octubre de 1601, y negó resueltamente cualquier conocimiento de brujería. Le instaron a evitar sufrimientos innecesarios, pero persistía en su negativa. Le ataron las manos a la espalda y la levantaron del suelo con una cuerda atada a sus muñecas, un sistema conocido como la estrapada. Empezó a gritar, diciendo que confesaría, y pidió que la bajaran. Una vez en el suelo, todo lo que ella dijo fue «Padre, perdónales porque no saben lo que hacen». La volvieron a aplicar la tortura pero sólo consiguieron dejarla inconsciente. La trasladaron a la prisión y la volvieron a torturar el 7 de noviembre, levantándola tres veces mediante la estrapada, con pesos cada vez mayores atados a su cuerpo. Tras el tercer levantamiento gritó que no podía aguantarlo. La bajaron y confesó que había gozado del «amor de un demonio». Los examinadores no quedaron satisfechos; deseaban saber más cosas. La elevaron de nuevo con los pesos más pesados, exhortándola a confesar la verdad. Cuando la dejaron en el suelo, Else insistió en que «sus confesiones eran mentiras para evitar el sufrimiento» y que la «verdad es que era inocente». Entretanto los examinadores habían detenido a la hija de Else, Agathe. Condujeron a Agathe a una celda y la golpearon hasta que confesó que ella y su madre eran brujas y que habían provocado la pérdida de las cosechas para elevar el precio del pan. Cuando Else y Agathe estuvieron juntas, la hija se retractó de la acusación que involucraba a su madre. Pero tan pronto como Agathe se quedó sola con los examinadores, volvió a confirmar la confesión y pidió que no la llevaran de nuevo ante su madre.

Condujeron a Else a otra prisión y la interrogaron con empulgueras. En cada pausa volvía a confirmar su inocencia. Finalmente admitió de nuevo que tenía un amante demoníaco, pero nada más. El tormento se reanudó el 11 de diciembre después de haber negado una vez más toda culpabilidad. En esta ocasión se desmayó. Le arrojaron agua fría a la cara; ella gritaba y pedía que la dejaran en libertad. «Pero tan pronto como se interrumpía la tortura, se retractaba de su confesión.» Finalmente confesó que su amante la había conducido en dos vuelos hasta el aquelarre. Los examinadores pidieron saber a quién había visto en estos aquelarres. Else dio el nombre de dos personas: Frau Spiess y Frau Weyss. Prometió revelar después más nombres. Pero el 13 de diciembre se retractó de su confesión, pese a los esfuerzos de un sacerdote que la confrontó con la declaración adicional obtenida de Agathe. El 15 de diciembre, los examinadores le dijeron que iban a «continuar la tortura sin piedad o compasión hasta que dijera la verdad». Se desmayó, pero afirmó su inocencia. Repitió su confesión anterior, pero insistió en que se había equivocado al haber visto a Frau Spiess y Frau Weyss en el aquelarre: «Había tal muchedumbre y confusión que era difícil la identificación, especialmente por cuanto todos los presentes cubrían sus caras lo más que podían». Pese a la amenaza de nuevas torturas, rehusó sellar su confesión con un juramento final. Else Gwinner murió quemada el 21 de diciembre de 1601.

Además de la estrapada, el potro y la empulguera, los cazadores de brujas utilizaban sillas con puntas afiladas calentadas desde abajo, zapatos con objetos punzantes, cintas con agujas, yerros candentes, tenazas al rojo vivo, hambre e insomnio. Un crítico contemporáneo de la caza de brujas, Johann Matthäus Meyfarth, escribió que daría una fortuna si pudiera desterrar el recuerdo de lo que había visto en las cámaras de tortura:

He visto miembros despedazados, ojos sacados de la cabeza, pies arrancados de las piernas, tendones retorcidos en las articulaciones, omoplatos desencajados, venas profundas inflamadas, venas superficiales perforadas; he visto las víctimas levantadas en lo alto, luego bajadas, luego dando vueltas, la cabeza abajo y los pies arriba. He visto cómo el verdugo azotaba con el látigo y golpeaba con varas, apretaba con empulgueras, cargaba pesos, pinchaba con agujas, ataba con cuerdas, quemaba con azufre, rociaba con aceite y chamuscaba con antorchas. En resumen, puedo atestiguar, puedo describir, puedo deplorar cómo se violaba el cuerpo humano.

Durante toda la locura de la brujería, toda confesión arrancada bajo tortura tenía que ser confirmada antes de que se dictara sentencia. Así, los documentos de los casos de brujería siempre contienen la fórmula: «Y así ha confirmado por su propia voluntad la confesión arrancada bajo tortura». Pero como indica Meyfarth, estas confesiones carecían de valor al objeto de poder separar las verdaderas brujas de las falsas. ¿Qué significa, se pregunta, el que encontremos fórmulas como: «Margaretha ha confirmado ante el tribunal de justicia por propia voluntad la confesión arrancada bajo tortura»?

Significa que, cuando confesaba después de un tormento insoportable, el verdugo le decía: «Si pretendes negar lo que has confesado, dímelo ahora y lo haré aún mejor. Si niegas delante del tribunal, volverás a mis manos y descubrirás que hasta ahora sólo he jugado contigo, porque te voy a tratar de un modo que arrancaría lágrimas de una piedra». Cuando Margaretha es conducida ante el tribunal, está encadenada y sus manos tan fuertemente atadas que «manan sangre». A su lado se hallan carcelero y verdugo, y a sus espaldas guardianes armados. Tras la lectura de la confesión, el verdugo le pregunta si la confirma o no.

El historiador Hugh Trevor-Roper insiste en que se realizaron muchas confesiones a las autoridades públicas sin ninguna evidencia de tortura. Pero incluso estas confesiones «espontáneas» y «realizadas libremente» deben evaluarse en función de las formas de terror más sutiles de las que disponían examinadores y jueces. Era una práctica establecida entre los examinadores de brujería amenazar primero con la tortura, después describir los instrumentos que se utilizarían, y finalmente mostrarlos. Las confesiones se podían obtener en cualquier momento del proceso. Los efectos de estas amenazas probablemente lograron «confesiones» durante la instrucción del proceso que hoy en día nos parecen «espontáneas». No niego la existencia de confesiones verdaderas o de brujas «verdaderas», pero me parece sumamente perverso que los especialistas modernos aborden el empleo de la tortura como si fuera un aspecto secundario en las investigaciones sobre brujería. Los examinadores nunca quedaban satisfechos hasta que las brujas confesas daban nombres de nuevos sospechosos, que posteriormente eran acusados y torturados de una manera rutinaria.

Meyfarth menciona un caso en el que una vieja torturada durante tres días reconoció al hombre a quien había delatado: «Nunca te había visto en el aquelarre pero para acabar con la tortura tuve que acusar a alguien. Me acordé de ti porque cuando era conducida a la prisión, te cruzaste conmigo y me dijiste que nunca hubieras creído esto de mí. Te pido perdón, pero si fuera de nuevo torturada te volvería a acusar». La mujer fue enviada al potro y confirmó su historia original. Sin tortura no puedo comprender cómo la locura de la brujería pudo cobrarse tantas víctimas, no importa cuántas personas creyeran realmente que volaban hasta el aquelarre.

Prácticamente todas las sociedades del mundo tienen algún concepto sobre la brujería. Pero la locura de la brujería europea fue más feroz, duró más tiempo y causó más víctimas que cualquier otro brote similar. Cuando se sospecha de brujería en las sociedades primitivas, tal vez se empleen ordalías dolorosas como parte del intento de determinar la culpabilidad o la inocencia. Pero en ninguno de los casos que conozco se tortura a las brujas hasta confesar la identidad de otras brujas.

Incluso en Europa, sólo después del año 1480, se empleó la tortura para estos fines. Antes del año 1000 d. C. nadie era ejecutado si un vecino alegaba haberle visto con el diablo.

Las gentes se acusaban entre sí de ser hechiceros o brujas y de tener poderes sobrenaturales para hacer el mal. Y había mucha especulación sobre ciertas mujeres capaces de viajar por el aire y recorrer grandes distancias a enormes velocidades. Pero las autoridades tenían poco interés en cazar sistemáticamente a las brujas y obligarlas a confesar sus crímenes. De hecho, la Iglesia católica insistía en un principio en que no había cosas tales como brujas que volaban por el aire. En el año 1000, se prohibió la creencia de que estos vuelos ocurrían en la realidad; después de 1480, se prohibió la creencia de que no ocurrían. En el año 1000 d. C. la Iglesia sostenía oficialmente que el viaje era una ilusión provocada por el diablo. Quinientos años más tarde, la Iglesia sostenía oficialmente que quienes afirmaban que el viaje era simplemente una ilusión estaban asociados con el diablo.

El punto de vista más antiguo se regía por un documento llamado *Canon Episcopi.* En relación con la gente que creía que bandas de brujas volaban durante la noche, el *Canon* advertía: «El alma impía cree que estas cosas no suceden en el espíritu sino en el cuerpo». En otras palabras, el diablo puede hacernos creer que vosotros u otros viajáis por la noche, pero ni vosotros ni ellos pueden hacerlo *realmente*. La prueba de lo que significa «realmente» y de su diferencia decisiva con las definiciones posteriores de «realidad» consiste en que no se puede acusar de maleficencia a nadie a quien vosotros o vuestros compañeros de ensueño creéis que está viajando. Sólo es un sueño el que estuviérais allí, y otros no deben ser considerados responsables de lo que hacéis en vuestros sueños. Sin embargo, el soñador tiene malos pensamientos y debe ser castigado, pero no con la hoguera, sino con la excomunión.

Se tardó varios siglos en invertir el *Canon Episcopi* convirtiéndose en un delito herético el negar que las brujas se transportaran tanto corporal como espiritualmente. Una vez establecida la realidad del viaje, fue posible interrogar a toda bruja confesa sobre las demás personas que asistían al aquelarre. La tortura aplicada en este momento garantizaba que se produciría una reacción en cadena. Como sucede en los modernos reactores nucleares, cada bruja quemada conducía automáticamente a dos o más nuevas candidatas a la quema. Para que el sistema funcionara perfectamente, se utilizaron refinamientos complementarios. Se reducían los costos del proceso mediante el sistema de obligar a la familia de la bruja a pagar la factura por los servicios prestados por torturadores y verdugos. Asimismo, la familia corría con el costo de los haces de leña y del banquete que los jueces daban después de la quema. Por lo demás, se fomentaba el entusiasmo de los funcionarios locales por la caza de brujas, autorizándoles a confiscar todos los bienes de cualquier persona condenada por brujería.

Ciertos aspectos del sistema maduro de la caza de brujas se perfeccionaron ya en el siglo XIII, pero no como parte de la lucha contra las brujas. La Iglesia autorizó por primera vez el empleo de tortura no contra las brujas, sino contra los miembros de las organizaciones eclesiásticas ilícitas que nacían en toda Europa y amenazaban con romper el monopolio que Roma detentaba sobre los diezmos y los sacramentos. En el siglo XIII, por ejemplo, los albigenses (también llamados cátaros) del sur de Francia se habían convertido en un poderoso cuerpo eclesiástico independiente, con su propio clero, que se reunía públicamente bajo la protección de facciones disidentes de la nobleza francesa. El Papa tuvo que recurrir a una guerra santa –la cruzada albigense– para impedir la ruptura de la Francia meridional con la cristiandad. Los albigenses fueron finalmente exterminados, pero surgieron muchas otras sectas heréticas, como los valdenses y los vandois. Para combatir a estos movimientos subversivos, la Iglesia creó gradualmente la Inquisición, un poder paramilitar especial cuya única función era extirpar la herejía. Los herejes perseguidos por la Inquisición en Francia, Italia y Alemania, actuaban en secreto, formaban células clandestinas y celebraban reuniones secretas. Los inquisidores papales que vieron cómo sus esfuerzos eran frustrados por las actividades secretas del enemigo solicitaron autorización para aplicar la tortura y obligar así a los herejes a confesar y dar el nombre de sus cómplices. El papa Alejandro IV concedió esta autorización a mediados del siglo XIII.

Mientras valdenses y vandois eran torturados, las brujas gozaban todavía de la protección del *Canon Episcopi*. La brujería era un crimen pero no una herejía, puesto que el aquelarre era una invención de la imaginación. Pero con el paso del tiempo, los inquisidores papales se preocuparon cada vez más por la falta de jurisdicción en los casos de brujería. Argüían que la brujería ya no era lo que solía ser en la época del *Canon Episcopi*. Se había desarrollado un nuevo tipo, mucho más peligroso, de bruja: una bruja que podía volar realmente hasta los aquelarres. Y estos aquelarres eran precisamente como las reuniones secretas de las otras sectas heréticas, aunque los ritos eran mucho más repugnantes. Si se podía torturar a las brujas como a los demás herejes, sus confesiones conducirían al descubrimiento de un extenso cuerpo de conspiradores secretos. Finalmente Roma accedió. Un Papa llamado Inocencio promulgó una bula en 1448 que autorizaba a los inquisidores Heinrich Institor y Jakob Sprenger a emplear todo el poder de la Inquisición para extirpar las brujas de toda Alemania.

Institor y Sprenger convencieron al Papa con argumentos que posteriormente presentaron en su libro *El martillo de las brujas,* que sería para siempre el manual completo del cazador de brujas. Es verdad, admitían, que algunas brujas sólo imaginaban que asistían al aquelarre; pero muchas eran transportadas realmente allí en cuerpo. De todas formas, da lo mismo, ya que la bruja que sólo acude en la imaginación ve lo que ocurre con tanta fiabilidad como aquella cuyo cuerpo es transportado. Y respecto a aquellos casos en los que un marido ha jurado que su mujer estaba en la cama a su lado mientras otras brujas habían testificado que estaba en el aquelarre, no era su mujer a la que él tocaba, sino un diablo que estaba en su lugar. Tal vez el *Canon Episcopi* había afirmado que el vuelo sólo era imaginario, pero no era nada imaginario el daño que las brujas estaban provocando. «¿Quién es tan estúpido para mantener... que toda su brujería y daños son fantásticos e imaginarios, cuando es evidente lo contrario a los ojos de todo el mundo?» La brujería ha provocado todas las desgracias imaginables: pérdida del ganado y de las cosechas, muerte de niños, enfermedad, achaques, infidelidad, esterilidad y locura. *El martillo de las brujas* concluía con un informe detallado de cómo se podían identificar, acusar, procesar, torturar, declarar culpables y sentenciar a las brujas. El sistema de caza de brujas estaba ya completo, listo para que los cazadores de brujas, católicos y protestantes, lo aplicaran en toda Europa en los doscientos años siguientes, con resultados devastadores. Listo para producir, año tras año, un aprovisionamiento interminable de nuevas brujas que sustituían a las que estaban encarceladas o habían sido quemadas.

¿Por qué se anuló el *Canon Episcopi?* La explicación más sencilla es que los inquisidores tenían razón: las brujas se reunían en aquelarres secretos –aun cuando no llegaran hasta allí sobre sus escobas– y constituían en realidad una amenaza tan palpable para la seguridad de la cristiandad como los valdenses o los otros movimientos religiosos clandestinos.

Los descubrimientos recientes sobre la base práctica del vuelo sobre escobas no permiten sostener esta teoría. Michael Harner, profesor de la New School for Social Research, ha mostrado que las brujas europeas se asociaban popularmente con el empleo de ungüentos mágicos. Antes de viajar por el aire sobre sus escobas, las brujas «se untaban» con ellos. Uno de los típicos casos citados por Harner es el de una bruja en la Inglaterra del siglo XVII, quien confesó que «antes de ser transportada a las reuniones, untaron sus frentes y sus muñecas con un aceite que les trae el Espíritu (que huele a crudo)». Otras brujas inglesas relataban que el «aceite» tenía un color verdoso y se aplicaba en la frente con una pluma. En los primeros relatos, se dice que la bruja aplicaba el ungüento a un bastón tras lo cual «amblaba y galopaba contra viento y marea, cuando y en la forma que le apetecía». Una fuente del siglo XV citada por Harner relata la unción tanto del palo como del cuerpo: «Untan un bastón y montan sobre él o se untan bajo los brazos y en otros lugares vellosos». Otra fuente declara: «Las brujas, varones y hembras, que han pactado con el diablo, sirviéndose de ciertos ungüentos y recitando ciertas palabras son conducidas durante la noche a tierras lejanas».

Andrés Laguna, un médico del siglo XVI que ejercía en Lorraine, describió el descubrimiento del tarro de una bruja «lleno hasta la mitad de un cierto ungüento verde... con el que se untaban; cuyo olor era tan fuerte y repugnante que se mostró que estaba compuesto de hierbas frías y soporíferas en grado sumo, que son la cicuta, la hierba mora, el beleño y la mandrágora». Laguna logró un bote lleno de este ungüento y lo utilizó para llevar a cabo un experimento con la mujer de un verdugo de Metz. Untó a esta mujer desde la cabeza hasta los pies, tras lo cual «ella se quedó dormida de repente con un sueño tan profundo, con sus ojos abiertos como un conejo (también parecía una liebre cocida) que no podía imaginar cómo despertarla». Cuando Laguna logró finalmente que se levantara, había estado durmiendo durante treinta y seis horas. Se quejó: «¿Por qué me despiertas en este momento tan inoportuno? Estaba rodeada de todos los placeres y deleites del mundo». Entonces sonrió a su marido que estaba allí, «que apestaba a ahorcado», y le dijo: «bribón, sabes que te he puesto los cuernos, y con un amante más joven y mejor que tú».

Harner ha reunido algunos de estos experimentos con ungüentos en los que intervenían las mismas brujas. Todos los sujetos caían en un sueño profundo, y cuando se les despertaba, insistían en que habían estado lejos en un largo viaje. Por consiguiente, el secreto del ungüento era conocido por muchas personas que vivían en la época de la locura de las brujas, aun cuando los historiadores modernos han tendido generalmente a olvidar o minimizarlo. La mejor exposición de un testigo ocular sobre el tema fue realizada por uno de los colegas de Galileo, Giambattista della Porta, quien obtuvo la fórmula de un ungüento que contenía hierba mora.

Tan pronto como está preparado, untan la parte del cuerpo, frotándose antes a conciencia, de modo que su piel se vuelve de color rosa... Así en algunas noches de luna se creen transportadas a banquetes con música y danzas, copulando con los jóvenes a los que más desean. Tan grande es la fuerza de la imaginación y de la apariencia de las imágenes, que la parte del cerebro llamada memoria está casi repleta de este tipo de cosas; y puesto que ellas mismas son muy propensas, por inclinación de la naturaleza, a la creencia, se aferran a las imágenes de tal modo que el mismo espíritu se altera y no piensan en otra cosa durante el día y la noche.

Harner, que ha estudiado el empleo de alucinógenos por los chamanes entre los jíbaros del Perú, cree que el agente alucinógeno activo en los ungüentos de las brujas era la atropina, un poderoso alcaloide descubierto en plantas europeas tales como la mandrágora, el beleño y la belladona (¡hermosa señora!). El rasgo más sobresaliente de la atropina es el ser absorbible a través de la piel intacta, una característica que se aprovecha en los emplastos de belladona aplicados sobre la piel con el fin de aliviar los dolores musculares. Algunos experimentadores modernos han recreado ungüentos de brujas basándose en fórmulas conservadas en documentos antiguos. Un grupo de Göttingen, Alemania, relata haber caído en un sueño de veinticuatro horas en el que soñó con «viajes excitantes, danzas frenéticas y otras aventuras misteriosas de este tipo relacionadas con orgías medievales». Otro experimentador que simplemente inhaló los humos del beleño habla de la «sensación loca de que mis pies se volvían más ligeros, se dilataban y se desprendían de mi cuerpo... al mismo tiempo experimenté una sensación embriagadora de volar».

Pero, ¿qué papel desempeñaba el bastón o la escoba que todavía podemos observar en la actualidad entre las piernas de las «brujas» en la víspera del día de Todos los Santos? Según Harner, no era un simple símbolo fálico:

El empleo del bastón o escoba era indudablemente algo más que un acto simbólico freudiano; servía para aplicar la planta que contenía atropina a las membranas vaginales sensibles, así como para proporcionar la sugestión de cabalgar sobre un corcel, una ilusión típica del viaje de las brujas al aquelarre.

Si la explicación de Harner es correcta, entonces la mayor parte de los aquelarres «verdaderos» implicaban experiencias alucinógenas. El ungüento siempre se aplicaba *antes* de que las brujas fueran al aquelarre, nunca después de haber estado allí. De modo que fuere cual fuere la razón que se escondía tras la decisión papal de utilizar la Inquisición para extirpar la brujería, no se podía tratar de la creciente popularidad de los aquelarres. Naturalmente lo que pudo haber sucedido es que mucha gente empezó a «viajar». No voy a excluir esta posibilidad. Sin embargo, sabemos que la Inquisición era capaz de conseguir los nombres de la gente vista en los inexistentes aquelarres. ¿Por qué entonces debemos suponer que estas personas eran «viajeros» habituales? Dado que la Inquisición no se ocupaba de identificar a las brujas sobre la base de su posesión de ungüentos (*El martillo de las brujas* tiene poco que decir sobre este tema), me parece probable que la mayor parte de las «verdaderas brujas» –los «viajeros» habituales– nunca fueron identificados y que la mayor parte de la gente quemada nunca había «viajado».

Los ungüentos alucinógenos explican muchas de las características específicas de la creencia en la brujería. La tortura explica la propagación de estas creencias mucho más allá de la órbita de los usuarios reales de los ungüentos. Sin embargo, persiste el enigma de por qué tuvieron que morir 500.000 personas por crímenes cometidos en los sueños de otra persona. Para resolver este enigma debemos retomar el análisis de la tradición militar-mesiánica.

La gran locura de las brujas

La mayor parte de la gente no sabe que los levantamientos de índole militar-mesiánica eran tan corrientes en la Europa de los siglos XIII al XVII como lo habían sido en Palestina durante las épocas griega y romana. Ni tampoco que la Reforma protestante constituyó en muchos aspectos la culminación o el resultado de esta agitación mesiánica. Como sucedió con sus predecesores en Palestina, los brotes de fervor mesiánico en Europa se dirigían contra el monopolio de la riqueza y el poder que detentaban las clases gobernantes. Mi explicación de la locura de la brujería consiste en que fue en gran parte creada y sostenida por las clases gobernantes como medio de suprimir esta ola de mesianismo cristiano.

No es accidental el que la brujería empezara a tomar un auge creciente junto con violentas protestas mesiánicas contra las injusticias sociales y económicas. El Papa autorizó el empleo de la tortura contra las brujas poco antes de la Reforma protestante, y la locura de la brujería alcanzó su apogeo durante las guerras y revoluciones de los siglos XVI y XVII que pusieron fin a la era de unidad cristiana.

Para las masas europeas, el ocaso del feudalismo y el surgimiento de monarquías nacionales fuertes fue un período de gran tensión. El desarrollo del comercio, los mercados y la banca obligó a los propietarios de tierra y capital a desarrollar empresas orientadas hacia la maximización de los beneficios. Esto sólo se podía alcanzar poniendo fin a las relaciones paternalistas de pequeña escala características de los burgos y los señoríos feudales. Las tierras se dividieron, los siervos y criados fueron sustituidos por aparceros y arrendatarios campesinos, y los señoríos independientes se convirtieron en empresas agrícolas de cultivos comercializables. La gente del campo perdió sus parcelas de subsistencia y sus granjas familiares, y gran cantidad de campesinos desposeídos marcharon a las ciudades en busca de empleo como trabajadores asalariados. A partir del siglo XI la vida se volvió más competitiva, impersonal y comercializada, empezó a regirse más por el beneficio que por la tradición.

A medida que crecía la depauperación y la alienación, cada vez más gente empezó a hacer predicciones sobre la segunda venida de Cristo. Muchos vieron que el final del mundo se manifestaba ante sus ojos en el pecado y la lujuria de la Iglesia, la polarización de la riqueza, la escasez y las pestes, la expansión del Islam y las guerras incesantes entre facciones rivales de la nobleza europea.

El principal teórico del mesianismo de la Europa Occidental fue Joaquín de Fiore, cuyo sistema profético ha sido calificado por el historiador Norman Cohn como «el más influyente de los conocidos en Europa hasta la aparición del marxismo». Entre 1190 y 1195 Joaquín, que era un abad calabrés, descubrió cómo calcular el momento en que el presente mundo del sufrimiento daría paso al reino del espíritu. Joaquín creía que la primera edad del mundo era la Edad del Padre, la segunda la Edad del Hijo, la tercera la Edad del Espíritu Santo. La tercera edad sería el Sabbath o día de descanso, en el que no habría necesidad de riqueza o propiedad, trabajo, alimento o abrigo; la existencia sería puro espíritu y todas las necesidades materiales serían superfluas. Las insti-

tuciones jerárquicas como el Estado y la Iglesia serían susti-
tuidas por una comunidad libre de seres perfectos. Joaquín
predijo que la Edad del Espíritu empezaría hacia el año
1260. Esta fecha se convirtió en el objetivo de varios movimientos de corte militar-mesiánico basados en la creencia
de que el emperador Federico II (1194-1250) iba a anunciar
la Tercera Edad.

Federico desafió abiertamente el poder del Papa, lo que
causó la colocación de su reino bajo un entredicho papal que
prohibía el bautismo, el matrimonio, la confesión y los demás sacramentos. El ala fanática de la pobreza de la orden
franciscana, conocida como los Espirituales, apoyó a Federico. Afirmaban que Federico pronto realizaría el papel de
Anticristo, limpiando la Iglesia de riqueza y lujo y destruyendo al clero. Federico fue proclamado en Alemania Salvador por los predicadores errantes de Joaquín, quienes de-
nunciaron al Papa, administraron sacramentos y dieron la
absolución desafiando la prohibición papal. Uno de estos
predicadores, el hermano Arnoldo, dijo en Suabia que Cristo volvería en el año 1260 y confirmaría el hecho de que el
Papa era el Anticristo, y el clero los «miembros» del Anticristo. Todos ellos serían condenados por vivir en el lujo, y
explotar y oprimir al pobre. Federico II confiscaría entonces
la gran riqueza de Roma y la distribuiría entre los pobres, los
únicos cristianos verdaderos.

La muerte prematura de Federico en el año 1250 no des-
truyó las fantasías mesiánicas asociadas con su gobierno. Se
convirtió en un «Emperador durmiente», y en el año 1284
un hombre que afirmaba ser el Federico «despertado» atrajo
seguidores en Neuss antes de ser quemado por herejía. Cientos de años más tarde, todavía serían quemados algunos Fe-
dericos salvadores.

Norman Cohn describe un documento militar-mesiánico
conocido como el *Libro de los cien capítulos,* escrito a principios del siglo XVI, que predecía el retorno de Federico sobre

un caballo blanco para gobernar al mundo entero. El clero, desde el Papa hasta el último sacerdote, sería aniquilado al ritmo de 2.300 personas por día. El emperador también mataría a todos los prestamistas, los mercaderes fraudulentos y los juristas sin escrúpulos. Se confiscaría toda la riqueza para distribuirla entre los pobres; la propiedad privada sería abolida, y todas las cosas se tendrían en común: «Toda propiedad se convertirá en una sola propiedad, entonces habrá un solo pastor y un solo redil».

Como preparación para la tercera edad predicha por Joaquín de Fiore, bandas de hombres especializados en autoflagelarse con correas con puntas de hierro comenzaron a recorrer las ciudades. Al llegar a las plazas, estos «flagelantes» se desnudaban hasta la cintura y se azotaban en la espalda hasta que fluía la sangre. Inicialmente los flagelantes practicaban la penitencia como medio de «enderezar la senda» para la tercera edad. Pero sus actividades se volvieron cada vez más subversivas y anticlericales, especialmente en Alemania después del año 1260. Cuando empezaron a afirmar que el simple acto de participar en una de sus procesiones absolvía a un hombre de pecado, la Iglesia les declaró herejes y se vieron obligados a actuar en secreto. Salieron a la superficie en el año 1348 cuando la peste negra asolaba Europa. Los flagelantes culparon a los judíos de la peste negra e incitaron a las masas en todas las ciudades para masacrar a los habitantes judíos. Poniéndose por encima del Papa y del clero, afirmaban que su sangre tenía el poder de redimir y que eran un ejército de santos que salvaría al mundo de la ira de Dios. Apedreaban a los sacerdotes que intentaban detenerlos, interrumpían los oficios religiosos habituales, confiscaban y redistribuían los bienes de la Iglesia.

El movimiento de flagelantes culminó en una sublevación mesiánica dirigida por Konrad Schmid, quien afirmaba ser el Emperador Dios Federico. Schmid azotó a sus seguidores y les bañó en su propia sangre como una forma superior de bautismo. Como los creyentes en el *cargo* de Nueva Guinea, la gente de Turingia vendió sus posesiones, rehusó trabajar y se preparó a ocupar su puesto en el coro angélico que estaría más próximo al Emperador-Dios después del Juicio Final. Este acontecimiento estaba fijado para el año 1369. Merced a la intervención enérgica de la Inquisición, Schmid fue quemado antes de poder ultimar su obra. Años más tarde, todavía se veían flagelantes en Turingia, y trescientos de ellos fueron quemados en un solo día en el año 1416.

Una manera de librarse de los pobres alienados que provocaban disturbios era reclutar su ayuda en las Guerras Santas o Cruzadas, que pretendían reconquistar Jerusalén del Islam. Varias de estas cruzadas fracasaron y se convirtieron en movimientos revolucionarios mesiánicos dirigidos contra el clero y la nobleza. En la Cruzada de los Pastores, por ejemplo, un monje renegado llamado Jacobo afirmó haber recibido una carta de la Virgen María convocando a todos los pastores para liberar el Santo Sepulcro. Decenas de millares de pobres siguieron a Jacobo a todas partes, armados con horcas, hachas y puñales que blandían en el aire cuando entraban en una ciudad, intimidando a las autoridades para que les dieran una recepción adecuada. Jacobo tuvo visiones, curó enfermos, dio banquetes milagrosos en los que el alimento aparecía con más rapidez de la que podía ser comido, denunció al clero y mató a todos los que se atrevieron a interrumpir sus sermones. Sus seguidores marcharon de ciudad en ciudad, atacando a los clérigos o ahogándoles en el río.

La interacción entre los intereses esencialmente conservadores pero enfrentados de la Iglesia y el Estado y la amenaza de una revolución radical de las clases bajas acercaron a Europa cada vez más a la Reforma protestante. Podemos ver cómo se realizó este proceso en el movimiento de los husitas de la Bohemia del siglo XV.

Los husitas confiscaron los bienes de la Iglesia e intentaron obligar al clero a vivir una vida de pobreza apostólica.

Como represalia, el Papa y sus aliados iniciaron una serie de campañas represivas conocidas en la actualidad como las Guerras Husitas. A medida que se propagaba la violencia, surgió de entre las masas depauperadas un tercer grupo de combatientes, conocidos como los taboritas, nombre derivado de Tabor, en el Monte de los Olivos, donde Jesús predijo su segunda venida. Para los taboritas, las guerras husitas marcaban el inicio del fin del mundo. Se lanzaron a la batalla para «lavar sus manos en sangre», dirigidos por profetas mesiánicos que insistían en que todo sacerdote auténtico tenía la obligación de perseguir, herir y matar a todo pecador. Tras el exterminio del enemigo, los taboritas esperaban que se iniciaría la tercera edad de Joaquín de Fiore. No habría sufrimientos físicos ni necesidades materiales; el mundo se tornaría una comunidad de amor y paz, sin impuestos, propiedad o clases sociales. En el año 1419, millares de estos «espíritus libres» bohemios (los precursores del estilo de vida «bohemio») establecieron una comuna cerca de la ciudad de Usti en el río Luzhnica. Se ganaban la vida mediante correrías en el campo, arrebatando y llevándose como botín todo lo que podían coger, puesto que como hombres de la Ley de Dios se creían con derecho a apoderarse de todo lo que pertenecía a los enemigos de Dios.

Movimientos similares se repitieron en Alemania durante el siglo XV. Por ejemplo, en el año 1476 un pastor llamado Hans Bohm tuvo una visión de la Virgen María, quien le dijo que de ahora en adelante los pobres deberían rehusar todo pago de impuestos y diezmos como preparación para el reino venidero. Todas las gentes pronto vivirían juntas sin distinción de rango; todo el mundo tendría igual acceso a los bosques, agua, pastos y zonas de caza y pesca. Muchedumbres de peregrinos avanzaron sobre Niklashausen desde toda Alemania para ver al «Joven Santo». Caminaban en largas columnas, se saludaban unos a otros como «hermanos», y entonaban cantos revolucionarios.

No podemos comprender la forma específica que finalmente alcanzó la Reforma protestante prescindiendo de la alternativa militar-mesiánica radical que estremeció tanto a los poderes seculares como a la Iglesia. Lutero estaba convencido, al igual que muchos antes que él, que vivía en los Últimos Días, que el Papa era el Anticristo y que el papado tendría que ser destruido antes de realizarse el Reino de Dios. Pero el Reino de Dios de Lutero no sería de este mundo, y creía que la manera adecuada de realizarlo sería mediante la predicación en vez de la sublevación armada. La nobleza alemana acogió con agrado la mezcla de piedad radical y política conservadora de Lutero. Era la combinación adecuada para liberarse del gobierno papal sin aumentar el riesgo de la agitación social.

Thomas Müntzer, al principio discípulo de Lutero, proporcionó el contrapunto radical al movimiento de Lutero. Lutero y Müntzer eligieron lados opuestos en la gran rebelión campesina del año 1525. Lutero condenó a los campesinos en su planfleto, «Contra las bandas ladronas y asesinas de campesinos», al que Müntzer replicó que las gentes que apoyaban a Lutero eran también «ladrones que utilizaban la ley para prohibir a otros robar». Müntzer insistía en que lo que Lutero llamaba ley de Dios era simplemente un dispositivo para proteger la propiedad. Los «culpables de la usura, el hurto y el robo son nuestros señores y príncipes». Acusó a Lutero de fortalecer el poder de los «canallas impíos, para que continúen con sus viejas costumbres». Müntzer, convencido de que la sublevación de los campesinos señalaba el inicio del Nuevo Reino, asumió el mando del ejército campesino. Comparó su papel al de Gedeón en la batalla contra los medianistas, y en la víspera del encuentro con el enemigo comunicó a sus seguidores –campesinos mal pertrechados y sin entrenamiento– que Dios le había hablado y le había prometido la victoria. Afirmó que él mismo les protegería cogiendo las balas de cañón en la manga de su capote. Dios no permitiría nunca que su pueblo elegido pereciera. Tras los primeros cañonazos, los campesinos rompieron filas y cinco mil de ellos fueron exterminados mientras huían. El propio Müntzer fue torturado y decapitado poco después.

El ala radical de la Reforma continuó con toda su fuerza durante el siglo XVI y la primera parte del XVII. Conocido como el movimiento de los anabaptistas, dio origen a no menos de 40 sectas diferentes y a docenas de levantamientos militar-mesiánicos siguiendo la tradición de los taboristas y de Müntzer. Tanto los gobernantes católicos como los protestantes les consideraron como una conspiración herética omnipresente para destruir todas las relaciones de propiedad y redistribuir la riqueza de la Iglesia y del Estado entre los pobres. Por ejemplo, uno de los discípulos de Müntzer, Hans Hut, anunció que Cristo retornaría en el año 1528 para inaugurar el reino de Dios, con el amor libre y la comunidad de bienes. Los anabaptistas juzgarían a los falsos sacerdotes y pastores. Los reyes, nobles y grandes de la tierra serían encadenados. Melchoir Hoffman, otro seguidor de Müntzer, predijo que el mundo acabaría en el año 1533. A Hoffman le sucedió un panadero, Jan Matthys de Haarlem, quien predicaba que el justo debía empuñar la espada y preparar activamente el camino para Cristo, limpiando la tierra de impíos. En el año 1534 Münster, Westfalia, se convirtió en el centro del movimiento anabaptista. Todos los católicos y protestantes fueron expulsados y se abolió la propiedad privada. Pronto asumió el liderazgo Juan de Leyden, quien afirmó ser el sucesor de David y exigió honores reales y obediencia absoluta en lo que los anabaptistas llamaron su «Nueva Jerusalén».

Motivos mesiánicos radicales similares animaban a las clases bajas en Inglaterra durante el siglo XVII, proporcionando gran parte de la energía para la Guerra Civil inglesa. El Ejército *New Model* (de nuevo cuño), de Oliver Cromwell, estaba integrado por millares de voluntarios que creían que un reino de «santos» se establecería en suelo inglés y que Cristo descendería para gobernar sobre ellos. En el año 1649 Gerrad Winstanley recibió una visión que le mandó prepararse para el fin del mundo estableciendo una comunidad de «cavadores» *(diggers)* en la que no habría propiedad privada, ni distinción de clases, ni forma alguna de coerción. Y en 1656, antiguos partidarios de Cromwell, los Hombres de la Quinta Monarquía, le declararon Anticristo e intentaron establecer un nuevo reino de santos por la fuerza de las armas (la Quinta Monarquía aludía al milenio durante el que Cristo reinaría).

¿Qué tiene que ver todo esto con la brujería? Como he señalado al principio del capítulo, hay una estrecha relación cronológica entre el inicio de la locura de las brujas y el desarrollo del mesianismo europeo. El sistema de caza de brujas ideado por Institor y Sprenger fue aprobado por Inocencio VIII en un momento en que Europa rebosaba de movimientos mesiánicos y profecías de la tercera edad. Alcanzó su punto culminante como consecuencia de la Reforma –tanto Lutero como Calvino creían ardientemente en los peligros de la brujería– al igual que los violentos y radicales movimientos de protesta basados en las doctrinas mesiánicas revolucionarias de la tercera edad.

¿Hay una explicación práctica del desarrollo paralelo de la protesta social mesiánica y la locura de la brujería? Un punto de vista convencional consiste en que la propia brujería constituía una forma de protesta social. Por ejemplo, según el profesor Jeffrey Burton Russell, experto en la historia de la disensión medieval, la brujería, el misticismo, los flagelantes y la herejía popular corresponden todos a la misma categoría. «Todos rechazaban, en un grado u otro, una estructura institucional que se consideraba defectuosa.»

No estoy de acuerdo. Para explicar la locura de la brujería como protesta social hay que ir más lejos y adoptar la visión de la «realidad» propuesta por *El martillo de las brujas*. Hay

que creer que Europa estaba infestada de gentes que amenazaban el *statu quo* reuniéndose para rendir culto al diablo.
Pero si las verdaderas brujas voladoras eran sobre todo «via-
jeras» del beleño, entonces no entran en la misma categoría
que los taboristas o los anabaptistas, de la misma manera que los drogadictos tampoco pertenecen a la misma categoría que los Panteras Negras. El que algunas personas aquí
y allá tuvieran alucinaciones de relaciones sexuales con el
diablo, o hechizaran a la vaca del vecino, no representaba
una amenaza para la supervivencia de las clases acaudaladas
y gobernantes. Probablemente las brujas provenían de las
clases frustradas y descontentas; pero esto no las convierte
en elementos subversivos. Para que un movimiento consti-
tuya una protesta seria contra un orden establecido debe tener doctrinas explícitas de crítica social, o emprender una línea de acción peligrosa o amenazadora. Hicieran lo que
hicieran las brujas en sus aquelarres, si es que alguna vez los
hubo, no ha quedado testimonio alguno de que se dedicaran
a condenar el lujo de la Iglesia o a pedir la abolición de la
propiedad privada y el fin de las diferencias de rango y autoridad. Si lo hicieron, no eran brujas sino valdenses, taboritas,
anabaptistas o miembros de alguna otra secta político-reli-
giosa radical, muchos de los cuales fueron sin duda quemados por brujería en vez de por sus creencias mesiánicas.

Para comprender la locura de las brujas debemos estar
dispuestos a identificar una especie de realidad que es al propio tiempo distinta y opuesta a la conciencia de estilo de
vida de las brujas y de los inquisidores. Según el profesor
Russell, bastaba con que el clero y la nobleza *creyeran* que la
brujería era peligrosa y subversiva. «Lo que la gente creía
que sucedía –señala– es tan interesante como lo que sucedió
"objetivamente", y mucho más cierto.» Pero éste es precisamente el punto sostenido por Institor y Sprenger: ¡sois responsables de lo que hacéis en los sueños de otros!

Tenemos que decidirnos sobre ciertos sucesos. Else

Gwinner no tuvo relaciones sexuales con el diablo, y esto no es una conclusión sin interés o incierta si consideramos el hecho de que fue carbonizada por haberlas tenido.

Como sucede con cada uno de los estilos de vida aparentemente extraños que hasta ahora hemos examinado, la locura de las brujas no se puede explicar en términos de la conciencia de la gente que participó en ella. Todo depende de la disposición del observador a consentir u oponerse a las fantasías de los diferentes participantes.

Si la brujería era una herejía peligrosa, como insistía la Inquisición, no hay ningún misterio en la obsesión represora del Santo Oficio. Si, por el contrario, era una actividad relativamente inofensiva, si no en gran parte alucinatoria, ¿por qué se empleó tanto esfuerzo en suprimirla, especialmente en un momento en que la Iglesia estaba siendo empujada hasta los límites de sus recursos por la gran ola militar-mesiánica del siglo XV?

Esto nos lleva a una cuestión crucial que concierne a la distinción entre lo que sucedió de verdad y lo que la gente pensaba que sucedió. ¿Es cierto que la Inquisición estaba consagrada a la represión de la herejía brujeril? El supuesto de que la principal ocupación de los cazadores de brujas era la aniquilación de éstas se basa en la conciencia de estilo de vida que profesaban los propios inquisidores. Pero el supuesto contrario –a saber, que los cazadores de brujas hicieron un esfuerzo extraordinario para aumentar el aprovisionamiento de brujas y difundir la creencia que las brujas eran reales, omnipresentes y peligrosas– se asienta en muy sólidos elementos de juicio. ¿Por qué deben aceptar los estudiosos modernos las premisas de la conciencia de estilo de vida de los inquisidores? La situación exige que nos preguntemos no por qué estaban los inquisidores obsesionados con destruir la brujería, sino más bien por qué estaban tan obsesionados con crearla. Prescindiendo de lo que ellos o sus víctimas pudieran haber pretendido, el efecto inevitable del sistema inquisitorial fue hacer más verosímil la brujería, y, por tanto, incrementar el número de acusaciones de brujería.

El sistema de caza de brujas estaba demasiado bien diseñado, fue demasiado duradero, severo y tenaz. Y sólo se pudo sostener gracias a intereses duraderos, severos y tenaces. El sistema brujeril y la locura de las brujas tenían usos prácticos y mundanos diferentes de los fines declarados de los cazadores de brujas. No me refiero aquí a los emolumentos y pequeñas ventajas que he descrito antes: la confiscación de propiedades y los honorarios percibidos por los gastos de tortura y ejecución.

Estas recompensas ayudan a explicar por qué los técnicos de la caza de brujas realizaban su trabajo con tanto entusiasmo. Pero tales beneficios formaban parte del aparato de caza de brujas en vez de ser una de sus causas.

Sugiero que la mejor manera de comprender la causa de la manía de las brujas es examinar sus resultados terrenales en lugar de sus intenciones celestiales. El resultado principal del sistema de caza de brujas (aparte de los cuerpos carbonizados) consistió en que los pobres llegaron a creer que eran víctimas de brujas y diablos en vez de príncipes y papas. ¿Hizo agua vuestro techo, abortó vuestra vaca, se secó vuestra avena, se agrió vuestro vino, tuvisteis dolores de cabeza, falleció vuestro hijo? La culpa era de un vecino, de ese que rompió vuestra cerca, os debía dinero o deseaba vuestra tierra, de un vecino convertido en bruja. ¿Aumentó el precio del pan, se elevaron los impuestos, disminuyeron los salarios, escaseaban los puestos de trabajo? Obra de las brujas. ¿La peste y el hambre destruyen una tercera parte de los habitantes de cada aldea y ciudad? La audacia de las diabólicas e infernales brujas no conocía límites. La Iglesia y el Estado montaron una denodada campaña contra los enemigos fantasmas del pueblo. Las autoridades no regatearon esfuerzo alguno para combatir este mal, y tanto los ricos como los po-

bres podían dar las gracias por el tesón y el valor desplega-
dos en la batalla.

El significado práctico de la manía de las brujas consistió, así, en desplazar la responsabilidad de la crisis de la
sociedad medieval tardía desde la Iglesia y el Estado hacia
demonios imaginarios con forma humana. Preocupadas
por las actividades fantásticas de estos demonios, las masas depauperadas, alienadas, enloquecidas, atribuyeron
sus males al desenfreno del Diablo en vez de a la corrupción del clero y la rapacidad de la nobleza. La Iglesia y el
Estado no sólo se libraron de toda inculpación, sino que se
convirtieron en elementos indispensables. El clero y la nobleza se presentaron como los grandes protectores de la
humanidad frente a un enemigo omnipresente pero difícil
de detectar. Aquí había, por fin, una buena razón para
pagar diezmos y someterse al recaudador de impuestos.
Servicios vitales que atañían directamente a la vida en este
mundo y no a la de ultratumba se prestaban con ruido y
furia, llama y humo. Los esfuerzos de las autoridades por
hacer la vida algo más segura eran hechos palpables, se
podía oír realmente los gritos de las brujas cuando baja-
ban al infierno.

¿Quiénes fueron los chivos expiatorios? El singular estudio de H. C. Erik Midelfort sobre 1.258 ejecuciones por
brujería en el suroeste de Alemania entre 1562 y 1684
muestra que el 82 por ciento de las brujas eran mujeres.
Viejas indefensas y parteras de la clase baja eran normalmente las primeras en ser acusadas en cualquier brote local. Cuando se arrancaban nuevos nombres a las primeras
víctimas, destacaban los niños de ambos sexos y los hombres. Durante la fase culminante de pánico caracterizada
por ejecuciones en masa, solían morir mesoneros, unos
pocos mercaderes acaudalados y algún que otro magistra-
do y maestro. Pero cuando las llamas rozaban los nombres
de las gentes que gozaban de alto rango y poder, los jueces

perdían confianza en las confesiones y cesaba el pánico. Rara vez se amenazaba a los médicos, juristas y profesores de universidad. Evidentemente los propios inquisidores y el clero en general también estaban totalmente a salvo. Si en alguna ocasión una pobre alma desorientada era lo bastante necia para haber visto al obispo o al príncipe heredero en un aquelarre reciente, sin duda se ganaba torturas inenarrables. No es de extrañar que Midelfort sólo pudiera encontrar tres casos de acusaciones de brujería contra miembros de la nobleza, y que ninguno de ellos fuera ejecutado.

Lejos de ser «el reflejo de una estructura institucional que se consideraba defectuosa», la manía de las brujas era parte integral de la defensa de esa estructura institucional. Podemos comprender mejor esto comparando la manía de las brujas con su antítesis contemporánea, el mesianismo militar. La manía de las brujas y los movimientos militar-mesiánicos incorporaban temas religiosos populares que en parte eran aprobados por la Iglesia establecida. Ambos se basaban en la conciencia de estilo de vida existente, pero con consecuencias radicalmente diferentes. El mesianismo militar reunió a los pobres y desposeídos. Les proporcionó un sentido de misión colectiva, disminuyó la distancia social, les hizo sentirse «hermanos». Movilizó a las gentes en todas las regiones, focalizó sus energías en un tiempo y lugar concretos, y llevó a batallas campales entre las masas desposeídas y depauperadas y las clases situadas en la cima de la pirámide social. Por el contrario, la manía de la brujería dispersó y fragmentó todas las energías latentes de protesta. Desmovilizó a los pobres y desposeídos, aumentó la distancia social, les llenó de sospechas mutuas, enfrentó al vecino contra el vecino, aisló a cada uno, hizo a todos temerosos, aumentó la inseguridad de todo el mundo, hizo a cada uno sentirse desamparado y dependiente de las clases gobernantes, centró la cólera

y frustración de todo el mundo en un foco puramente local. De esta manera evitó que los pobres afrontaran al *establishment* eclesiástico y secular con peticiones de redistribución de la riqueza y nivelación del rango. La manía de
las brujas era el reverso del mesianismo radical militar.
Era la bola mágica de las clases privilegiadas y poderosas
de la sociedad. Éste era su secreto.

El retorno de las brujas

Después de ser tildada de superstición y sufrir años de ridículo, la brujería ha vuelto como una fuente respetable de excitación. No sólo la brujería, sino toda clase de especialidades ocultistas y místicas, desde la astrología al zen, pasando por la meditación, el Hare Krishna y el I Ching, un antiguo sistema chino de magia. Captando el espíritu de los tiempos, un libro de texto titulado *Modern Cultural Anthropology* alcanzó recientemente un éxito inmediato al declarar: «La libertad humana incluye la libertad de creer».

El resurgimiento inesperado de actitudes y teorías consideradas durante largo tiempo como incompatibles con la expansión de la tecnología y la ciencia occidentales se asocia al desarrollo de un estilo de vida conocido bajo el nombre de «contracultura». Según Theodore Roszak, uno de los profetas adultos del movimiento, la contracultura salvará al mundo de los «mitos de la conciencia objetiva». «Subvertirá el punto de vista científico del mundo» y lo sustituirá por una nueva cultura en la que predominarán «las capacidades no intelectivas». Charles A. Reich, otro profeta menor de los últimos tiempos, habla de un estado de ánimo milenario que denomina «Conciencia III». Alcanzar la Conciencia III supone «desconfiar profundamente de la lógica, la racionalidad, el análisis y los principios».

En el estilo de vida contracultural, son buenos los sentimientos, la espontaneidad, la imaginación; la ciencia, la lógica y la objetividad son malos. Sus miembros se jactan de huir de la «objetividad» como de un lugar habitado por la peste.

Un aspecto central de la contracultura es la creencia de que la conciencia controla la historia. La gente es lo que acontece en sus mentes; para que sea mejor, todo lo que hay que hacer es proporcionarle ideas mejores. Las condiciones objetivas cuentan poco. El mundo entero ha de ser alterado como consecuencia de una «revolución de la conciencia». Todo lo que necesitamos hacer para detener el crimen, acabar con la pobreza, embellecer las ciudades, eliminar la guerra, vivir en paz y en armonía con nosotros mismos y la naturaleza es abrir nuestra mente a la Conciencia III. «La conciencia es anterior a la estructura... todo el Estado corporativo sólo se asienta en la conciencia».

En la contracultura se estimula a la conciencia para que se aperciba de sus potencialidades inexplotadas. La gente de la contracultura realiza «viajes» –se «coloca»– para ampliar su mente. Utilizan marihuana, LSD, u hongos para «enrollarse». Charlan, tienen encuentros o cantan para «flipar» con Jesús, Buda, Mao-Zedong.

La finalidad es expresar la conciencia, demostrar la conciencia, alterar la conciencia, aumentar la conciencia, ampliar la conciencia, todo menos objetivar la conciencia. Para los acuarios, pasotas y alucinados partidarios de la Conciencia III, la razón es una invención del complejo militar-industrial. Hay que acabar con ella lo mismo que con la «pasma».

Las drogas psicodélicas son útiles porque permiten que las relaciones «ilógicas» parezcan «perfectamente naturales». Son buenas porque, como dice Reich, hacen *irreal* lo que la sociedad toma más en serio: los horarios, las conexiones racionales, la competencia, la cólera, la autoridad, la propiedad privada, la ley, el estatus, la supremacía del Estado». Constituyen un «suero de la verdad que expulsa la falsa conciencia». Quien ha alcanzado la Conciencia III «no "conoce los hechos". No tiene que conocerlos porque "conoce" la verdad que parece ocultarse a los demás».

La contracultura celebra la vida supuestamente natural de los pueblos primitivos. Sus miembros llevan collares, cintas en la cabeza, se pintan el cuerpo y se visten con ropas andrajosas llenas de color; anhelan ser una tribu. Creen que los pueblos tribales no son materialistas, sino espontáneos, y se hallan en contacto reverente con fuentes ocultas de encantamiento.

En la antropología de la contracultura, la conciencia primitiva se resume en el chamán, una figura que tiene luz y poder pero que nunca paga los recibos de la luz. Se admira a los chamanes porque son expertos en «cultivar estados de consciencia exóticos» y en vagar «entre los poderes ocultos del universo». El chamán posee «superconciencia». Tiene «ojos de fuego cuyas llamaradas se abren paso a través de la mediocridad del mundo y perciben los prodigios y terrores del más allá». Utilizando alucinógenos y otras técnicas como la autoasfixia, tambores hipnóticos y ritmos de danza, el chamán, según Roszak, «cultiva su relación con las fuerzas no intelectivas de la personalidad tan asiduamente como un científico se adiestra en la objetividad».

Podemos aprender mucho sobre la contracultura si examinamos al popular héroe de Carlos Castaneda, Don Juan, indio yaqui y «hombre de conocimiento» superconsciente y misterioso. Castaneda describe sus experiencias como estudiante novato de antropología que quería penetrar la realidad aparte, no ordinaria, del mundo chamánico. Don Juan aceptó a Castaneda como aprendiz, y Castaneda empezó a escribir una tesis doctoral basada en las enseñanzas de Don Juan. Para convertir a Castaneda en

un «hombre de conocimiento», Don Juan inició al ingenuo estudiante en diferentes sustancias alucinógenas. Tras
su encuentro con un perro luminiscente y transparente y
un jején de cien pies, Castaneda empezó a dudar de que su
realidad normal fuera más real que la realidad no ordinaria en la que su mentor le había introducido. Al principio,
Castaneda estaba resuelto a descubrir la concepción del
mundo de un «hombre de conocimiento». Pero el aprendiz empezó gradualmente a sentir que aprendía algo sobre
el mundo mismo.

«Es estúpido e inútil –observaba otro antropólogo, Paul
Riesman, en una reseña en el *New York Times*–, pensar que
los conocimientos de Don Juan y de otros pueblos no occidentales sólo constituyen una concepción de alguna realidad fija. Castaneda deja en claro que las enseñanzas de Don
Juan nos dicen algo de cómo es realmente el mundo.»

Ambos planteamientos son incorrectos. Castaneda no esclarece nada. Y la «realidad aparte» de Don Juan no es extraña a los «pueblos occidentales».

El viaje alucinógeno más famoso de Castaneda evoca
cuestiones que ya examinamos previamente. Don Juan y
Castaneda pasaron varios días preparando una pasta de
«yerba del diablo», mezclada con manteca de cerdo y otros
ingredientes. Bajo la supervisión de Don Juan, el aprendiz
untó con la pasta las plantas de sus pies y las partes interio-
res de sus piernas, reservando la mayor parte para sus geni-
tales. La pasta tenía un olor sofocante, acre, «como una especie de gas». Castaneda se enderezó y empezó a pasear,
pero sintió que sus piernas eran «como de goma y largas, sumamente largas».

Bajé la mirada y vi a Don Juan sentado debajo de mí; muy por debajo de mí. El impulso me hizo dar otro paso, aún más elástico y más
largo que el precedente. Y entonces me elevé. Recuerdo haber des-
cendido una vez, entonces di un empujón con ambos pies, salté ha-

cia atrás y me deslicé sobre mi espalda. Veía el cielo oscuro sobre mí y las nubes que pasaban a mi lado. Moví bruscamente mi cuerpo para poder mirar hacia abajo. Vi la masa oscura de las montañas. Mi velocidad era extraordinaria.

Después de aprender a maniobrar volviendo la cabeza, Castaneda experimentó «tal libertad y velocidad como nunca había conocido antes». Finalmente se creyó obligado a descender. Amanecía; estaba desnudo y se encontraba a media milla de donde había partido. Don Juan le aseguró que practicando volaría mejor:

Puedes volar por el aire cientos de millas para ver lo que sucede en cualquier lugar que desees, o para asestar un golpe mortal a tus enemigos de muy lejos.

Castaneda preguntó a su maestro: «Don Juan, ¿he volado de verdad?» A lo que el chamán respondió: «Esto es lo que tú me has dicho. ¿No es verdad?»

Entonces, Don Juan, no volé de verdad. Sólo volé en mi imaginación, en mi mente. ¿Dónde estaba mi cuerpo?

A lo que Don Juan respondió:

No crees que un hombre puede volar; y sin embargo, un *brujo* puede recorrer millares de millas en un segundo para ver lo que sucede. Puede asestar un golpe a sus enemigos situados a gran distancia. Por consiguiente, ¿vuela o no vuela?

¿Suena esto familiar? Así debería ser. ¿Qué debaten Don Juan y Castaneda si no son los respectivos méritos del *Canon Episcopi* y de *El martillo de las brujas* de Institor y Sprenger? ¿Las brujas vuelan sólo mentalmente o también corporalmente? Finalmente, Castaneda le pregunta a Don Juan qué sucedería si se atara a una piedra con una cadena pesada:

«Me temo que tendrías que volar sujetando la piedra con su cadena pesada».

Como nos ha enseñado el profesor Harner, las brujas europeas volaban después de frotarse con ungüentos que contenían la atropina alcaloide que penetra por la piel. El profesor Harner también nos relata que la atropina es un ingrediente activo en el género de plantas *Datura*, conocidas en el Nuevo Mundo como hierba Jimson, estramonio, trompeta de Gabriel o hierba del diablo (la raíz de esta última variedad es la que transportó por el aire a Castaneda). De hecho, Harner predijo que Castaneda volaría como una bruja antes de que Castaneda se frotara con la hierba del diablo:

Hace varios años encontré una referencia del empleo de un ungüento de *Datura* por los indios yaqui del norte de México, quienes según se dice se frotaban con él el estómago para «tener visiones». Puse esto en conocimiento de mi compañero y amigo Carlos Castaneda, quien estaba estudiando con un chamán yaqui, y le pedí que averiguara si este yaqui empleaba el ungüento para volar y determinara así sus efectos.

Por consiguiente, la superconciencia chamánica no es sino la conciencia de las brujas considerada de modo favorable en un mundo que ya no se ve amenazado por la Inquisición. La «realidad aparte» previamente ignorada por los «pueblos occidentales» autosatisfechos de su objetividad hasta tal punto forma parte de la civilización occidental que apenas hace trescientos años los «objetivadores» eran quemados en la hoguera por negar que las brujas podían volar.

En el primer capítulo, citaba la afirmación de que la expansión de la «conciencia objetiva» produce inevitablemente una pérdida de la «sensibilidad moral». La contracultura y la Conciencia III se autorrepresentan como corrientes humanizadoras que buscan el restablecimiento del sentimiento, la compasión, el amor y la confianza mutua en las relaciones humanas. Encuentro difícil reconciliar esta postura moral con el interés expresado por la brujería y el chamanismo. Por ejemplo, Don Juan sólo puede ser descrito como amoral. Tal vez sepa cómo «vagar entre los poderes ocultos del universo», pero no le preocupa la diferencia entre el bien y el mal en el sentido de la moralidad occidental tradicional. Sus enseñanzas están, de hecho, desprovistas de «sensibilidad moral».

Un incidente en el segundo libro de Castaneda resume mejor que ningún otro la opacidad moral de la superconciencia del chamán. Habiendo alcanzado fama y fortuna con *Las enseñanzas de Don Juan,* Castaneda intentó encontrar a su mentor para darle un ejemplar. Mientras esperaba que apareciera Don Juan, Castaneda observó una pandilla de golfillos de la calle que vivían comiendo las sobras dejadas en las mesas de su hotel. Después de observar durante tres días a los niños que entraban y salían «como buitres», Castaneda se «desalentó de verdad». Don Juan se sorprendió al oír esto. «¿De verdad te dan lástima?», inquirió. Castaneda insistió en que sí y Don Juan le preguntó «¿por qué?»

Porque me preocupa el bienestar de mi prójimo. Son sólo niños y su mundo es desagradable y ordinario.

Castaneda no dice que los niños le den lástima porque comen los residuos que ha dejado en la mesa. Lo que parece preocuparle es que sus vidas son «desagradables y ordinarias». El hambre y la pobreza suscitan malos pensamientos o pesadillas. Recogiendo la insinuación, Don Juan amonestó a su alumno por suponer que estos golfillos no podían madurar mentalmente y llegar a ser «hombres de conocimiento»:

¿Crees que tu riquísimo mundo te ayudará a llegar a ser un hombre de conocimiento?

Cuando Castaneda se ve obligado a admitir que su opulencia no le había ayudado a convertirse en un gran brujo, Don Juan le agarra:

Entonces, ¿cómo te pueden dar lástima estos niños?... Cualquiera de ellos puede convertirse en un hombre de conocimiento. Todos los hombres de conocimiento que conozco eran niños como los que ves comer restos y lamer mesas.

Para muchos de los miembros de la contracultura, el producto moralmente más degenerado de la concepción científica del mundo es el tecnócrata: el técnico despiadado, inescrutable, entregado al conocimiento especializado, pero indiferente en lo que respecta a quién lo utiliza y para qué fin. Sin embargo, Don Juan es precisamente uno de estos tecnócratas. El conocimiento que él imparte a Castaneda no lleva ninguna connotación moral. La principal preocupación de Castaneda al convertirse en un «hombre de conocimiento» es evitar tomar algo que le ponga en órbita de un modo permanente. En cuanto a la preocupación moral sobre cómo han de aplicarse los poderes extraordinarios de Don Juan, Castaneda podía también haber aprendido a pilotar un B-52. Su relación con Don Juan revela un erial moral en el que la tecnología constituye el bien supremo, incluso si él y su maestro comen «botones» en vez de apretarlos.

Sostengo que es totalmente imposible subvertir el conocimiento objetivo sin subvertir la base de los juicios morales. Si no podemos saber con certeza razonable quién hizo qué cosa, cuándo y dónde, no podemos esperar proporcionar una descripción moral de nosotros mismos. Si no somos capaces de distinguir entre el criminal y la víctima, el rico y el pobre, el explotador y el explotado, debemos defender la suspensión total de los juicios morales, o adoptar la posición inquisitorial y considerar responsable a la gente de lo que hace en los sueños de los demás.

Como descubrieron los reporteros de la revista *Time*
cuando intentaron redactar un artículo sobre Carlos Castaneda, la Conciencia III puede rodear de una niebla impene-
trable los acontecimientos humanos más sencillos. Invocando su libertad de creencia, Castaneda inventó, imaginó, o
alucinó partes extensas de su propia biografía:

Nació en el Perú, no en el Brasil.
Fecha de nacimiento 1925, no 1935.
Su madre falleció cuando tenía 6 años, no 24.
Su padre era joyero, no profesor de Literatura.
Estudió pintura y escultura en Lima, no en Milán.

«Solicitarme que verifique mi vida presentando mis esta-
dísticas –dijo Castaneda– es como utilizar la ciencia para validar la hechicería. Le roba al mundo su magia.»

Según Castaneda, Don Juan hace lo mismo. El chamán
más famoso del mundo no quiere que le fotografíen, le gra-
ben en el magnetófono, o le interroguen, ni siquiera su
aprendiz. Nadie, salvo Castaneda, parece saber quién es Don
Juan. Castaneda admite libremente: «¡Oh, soy un mentiroso!
¡Oh, cómo me gusta contar trolas!» Y al menos un amigo pe-
ruano le recuerda como un «gran embustero».

Tal vez Don Juan no exista. O quizá debamos decir que
Castaneda tuvo un encuentro «mental» pero no «corporal»
con un brujo yaqui. Según la autoridad de la Inquisición,
aun así este encuentro permitiría una exposición exacta de
las enseñanzas de Don Juan. O puede que Castaneda fuera
algunas veces con la «imaginación» y otras veces con el
«cuerpo». Éstas son ideas fascinantes, pero no pueden hacer
sino una contribución imaginaria a la elevación de nuestra
sensibilidad moral.

La contracultura realiza afirmaciones que se extienden
mucho más allá de la supuesta conservación de la moralidad
individual. Sus defensores insisten en que la superconciencia puede transformar el mundo en un lugar más amistoso y

más habitable; ven el rechazo de la objetividad como una manera políticamente eficaz de alcanzar una distribución equitativa de la riqueza, el reciclaje de los recursos, la abolición de las burocracias impersonales y la corrección de otros aspectos deshumanizados de las modernas sociedades tecnocráticas. Alegan que estos males provienen de las malas ideas que tenemos sobre el estatus y el trabajo. Si hacemos cesar nuestros intentos de presumir, y si dejamos de creer que el trabajo es un bien en sí mismo, ocurrirá la transformación revolucionaria sin necesidad de hacer daño a nadie. Como en un lugar de ensueño, «podemos hacer una nueva elección siempre que estemos dispuestos a ello». El capitalismo, el Estado corporativo, la era de la ciencia, la ética protestante: todas estas cosas representan tipos de conciencia y pueden alterarse eligiendo una nueva conciencia. «Todo lo que tenemos que hacer es cerrar nuestros ojos e imaginar que todos se han convertido en una Conciencia III: el Estado corporativo desaparece... El poder del Estado corporativo finalizará tan milagrosamente como un beso rompe el encantamiento maligno de un brujo.»

Una conciencia tan desconectada de las realidades prácticas y mundanas es, de hecho, brujería más que política. La gente puede modificar su conciencia cuando así lo desee. Pero normalmente no lo desea. La conciencia está adaptada a condiciones prácticas y mundanas. Estas condiciones no se pueden imaginar dentro o fuera de la existencia a la manera en que un chamán hace aparecer y desaparecer jejenes de cien pies. Como he indicado antes en el capítulo sobre el *potlatch,* los sistemas de prestigio no se crean mediante vibraciones desde el espacio exterior. La gente aprende la conciencia del consumismo competitivo porque están constreñidos a actuar así por fuerzas políticas y económicas muy poderosas. Estas fuerzas sólo se pueden modificar mediante actividades prácticas enderezadas a cambiar la conciencia alterando las condiciones materiales de ésta.

Las buenas noticias de la contracultura referentes a la revolución mediante la conciencia no son ni nuevas ni revolucionarias. El cristianismo ha intentado realizar una revolución mediante la conciencia durante dos mil años. ¿Quién negará que la conciencia cristiana *pudo* haber cambiado el mundo? Sin embargo, fue el mundo quien cambió la conciencia cristiana. Si todos adoptaran un estilo de vida no competitivo, generoso, pacífico y lleno de amor, podríamos tener algo mejor que la contracultura, podríamos tener el Reino de Dios.

La política concebida según la imagen de la Conciencia III se realiza en la mente, no en el cuerpo. La conveniencia de este tipo de política para los que ya poseen riqueza y poder debe ser evidente. La reflexión filosófica de que la pobreza es, después de todo, un estado mental siempre ha sido fuente de confort para los que no son pobres. A este respecto, la contracultura simplemente presenta en una forma algo modificada el desprecio tradicional que los teóricos cristianos expresan por los bienes de este mundo. También la garantía de que nada acaecerá por la fuerza es tradicionalista y se sitúa dentro de la corriente principal de la política conservadora. La Conciencia III destruirá el Estado corporativo «sin violencia, sin apoderarse del poder político, sin derrocar ningún grupo existente de personas». La contracultura jura atacar las mentes, no los beneficios del capital.

Por definición, la contracultura es el estilo de vida de la juventud alienada de clase media educada en la universidad. Están excluidos específicamente los que «continúan velando las cenizas de la revolución proletaria» y los «jóvenes de color militantes». La esperanza de que la contracultura transforme la sociedad en «algo que el ser humano pueda identificar como su hogar» se basa en el hecho de que es un movimiento de la clase media. Lo que la hace tan importante «es que un rechazo radical de la ciencia y los valores tecnológicos aparezca tan próximo al centro de nuestra sociedad, en vez de en los márgenes despreciables, que sean los jóvenes de clase media los que dirijan esta política de la conciencia».

Aparte de la cuestión de si una política de la pura conciencia debe llamarse política en vez de brujería o cualquier otra forma de magia, tenemos que señalar otros dos puntos dudosos. Primero, la contracultura no rechaza los valores tecnológicos *in toto;* segundo, el rechazo de un cierto tipo de ciencia siempre ha estado presente en el mismo centro de nuestra civilización.

La contracultura no se opone a utilizar los productos tecnológicos de la investigación científica «objetiva». Teléfonos, estaciones FM, equipos estereofónicos, vuelos en reactores a precios económicos, píldoras de estrógenos para el control de la natalidad, alucinógenos y antídotos químicos son esenciales para la buena vida de la Conciencia III.

Es más, la dependencia de la música de alta fidelidad con muchos decibelios ha creado el máximo grado de subordinación de un lenguaje popular a la tecnología en la historia de las artes interpretativas. Por lo tanto, la contracultura acepta, al menos tácitamente, la existencia de especialistas en las ciencias físicas y biológicas cuya tarea es diseñar y mantener la infraestructura tecnológica del estilo de vida.

Las formas de la ciencia más aborrecidas desde la perspectiva de la Conciencia III no son las ciencias de laboratorio, sino las que buscan aplicar los modelos de laboratorio al estudio de la historia y los estilos de vida. La contracultura describe el rechazo del estudio científico de los estilos de vida y la historia como si se tratara de una desviación de alguna pauta profundamente arraigada. Pero incluso entre los llamados científicos sociales y de la conducta, la forma predominante del conocimiento no es ni *nunca ha sido* lo que dice la contracultura. ¿Cómo puede reaccionar alguien a una sobredosis de ciencia de los estilos de vida cuando la ciencia de los estilos de vida insiste en que los enigmas examinados en los capítulos anteriores de este libro carecen de explicación científica? La extensa «objetivación» en el estudio de los fenómenos de los estilos de vida sólo es un mito de la elaboración onírica social de la contracultura. La conciencia predominante entre la mayor parte de los profesionales interesados en explicar los fenómenos de los estilos de vida no se distingue prácticamente de la Conciencia III.

Si el retorno de las brujas implicara entregar los laboratorios de física, química y biología a gente que desprecia la evidencia objetiva y el análisis racional, poco tendríamos que temer. El ejercicio de la libertad de creencias en el laboratorio sólo podría ser un inconveniente temporal hasta que los restos carbonizados de los experimentadores superconscientes fueran barridos junto con los escombros que originaran. Desafortunadamente, el oscurantismo aplicado a los estilos de vida no se autodestruye. Las doctrinas que impiden a la gente comprender las causas de su existencia social poseen gran valor social. En una sociedad dominada por modos de producción e intercambio injustos, los estudios sobre los estilos de vida que oscurecen y distorsionan la naturaleza del sistema social son mucho más comunes y se valoran mucho más que los míticos estudios «objetivos» tan temidos por la contracultura. El oscurantismo aplicado a los estudios sobre los estilos de vida carece de la «praxis» de la ingeniería de las ciencias de laboratorio. Falsificadores, místicos y charlatanes no son barridos con los escombros; de hecho, no hay escombros porque todo continúa como siempre ha sido.

He mostrado en los capítulos anteriores que la conciencia profundamente mistificada es a veces capaz de galvanizar la disensión convirtiéndola en movimientos de masas efectivos. Hemos visto cómo formas sucesivas de mesianismo en Palestina, Europa y Melanesia canalizaron enormes impulsos revolucionarios que pretendían una distribución más justa de la riqueza y el poder. También hemos visto cómo la

Iglesia y el Estado renacentistas utilizaron la locura de las brujas para encantar y confundir a los partidarios radicales de la comunidad.

¿Dónde encaja la contracultura dentro de este panorama? ¿Es una fuerza conservadora o radical? En su propia elaboración onírica la contracultura se identifica con la tradición de la transformación milenaria. Theodore Roszak afirma que la finalidad principal de la contracultura es proclamar «un nuevo cielo y una nueva tierra», y, en su fase de formación, la Conciencia III reuniría muchedumbres de jóvenes disidentes en conciertos de rock y protestas contra la guerra. Pero incluso en la cumbre de su eficacia organizativa, la contracultura careció de los fundamentos del mesianismo. No tenía líderes carismáticos ni una visión de un orden moral bien definido. Para la Conciencia III el liderazgo es otro truco del complejo militar-industrial, y como he indicado hace un momento, un conjunto de fines morales bien definidos no se puede reconciliar con el relativismo amoral de chamanes como Don Juan.

El rechazo de la objetividad, el relativismo amoral y la aceptación de la omnipotencia del pensamiento hablan de la bruja, pero no del salvador. La Conciencia III presenta todos los síntomas clásicos de la elaboración onírica de un estilo de vida cuya función social es disolver y fragmentar las energías de la disensión. Esto debería haber sido claro por la gran importancia dada a «hacer lo que le venga a uno en gana». No se puede hacer una revolución si cada uno hace lo que le da la gana. Para hacer una revolución todos deben realizar la misma cosa.

Así, el retorno de las brujas no es un simple capricho inescrutable. La moderna reaparición de la brujería tiene puntos claros de similitud con la locura medieval. Naturalmente hay muchas e importantes diferencias. Se admira a la bruja moderna mientras se teme a la bruja de antaño. Nadie en la contracultura quiere quemar a otro por creer o no creer en las brujas; Reich y Roszak no son Institor ni Sprenger; y la contracultura no se ha comprometido afortunadamente con ningún cuerpo específico de dogmas. Sin embargo, nos queda el hecho de que la contracultura y la Inquisición están hombro con hombro en la cuestión del vuelo de las brujas. Dentro de la libertad de creencia de la contracultura, las brujas son una vez más tan verosímiles como cualquier otra cosa. Esta creencia contribuye claramente a la consolidación o estabilización de las desigualdades contemporáneas merced a toda su inocencia alegre. Millones de jóvenes educados creen seriamente que la proposición de eliminar con besos al Estado corporativo como si fuera un «encantamiento maligno» es tan eficaz o realista como cualquier otra forma de conciencia política. Como su predecesor medieval, nuestra manía actual de las brujas embota y confunde a las fuerzas de la disensión. Como el resto de la contracultura, pospone el desarrollo de un conjunto racional de compromisos políticos. Y ésta es la razón por la que es tan popular entre los grupos más opulentos de nuestra población. Ésta es la razón por la que ha vuelto la bruja.

Epílogo

Si la bruja ya está aquí, ¿puede estar muy lejos el salvador?

Norman Cohn, en su libro *The Pursuit ot the Millennium*, vincula los movimientos mesiánicos que precedieron a la Reforma protestante con las convulsiones seculares del siglo XX. Pese a su desprecio de los mitos y leyendas específicos del mesianismo judeo-cristiano, la conciencia de estilo de vida de figuras como Lenin, Hitler y Mussolini tuvo su origen en un conjunto de condiciones prácticas y mundanas similares a las responsables del surgimiento de salvadores religiosos tales como Juan de Leyden, Müntzer, o incluso Manahem, Bar Kochva y Yali. Los mesías militares ateos y seculares comparten con sus predecesores religiosos una «promesa milenaria ilimitada, realizada con una convicción de tipo profético ilimitada». Al igual que los salvadores judeo-cristianos, afirman estar encargados personalmente de la misión de llevar la historia a una consumación predeterminada. Para Hitler se trataba del Reich milenario purificado del pólipo de los judíos y otras brujas y diablos domésticos; para Lenin se trataba de la Jerusalén Comunista cuyo lema era el de primera comuna cristiana: «Y todos los que habían abrazado la fe vivían unidos, y tenían todas las cosas en común». O como dice Trotski: «Dejad que los sacerdotes de todas las confesiones religiosas hablen de un paraíso en el más allá; nosotros decimos que crearemos un verdadero paraíso para los hombres en esta tierra». Para las masas alienadas, inseguras, marginales, depauperadas, endemoniadas y hechizadas, el mesías secular promete redención y realización a escala cósmica. No sólo la oportunidad de mejorar la propia existencia cotidiana, sino el compromiso total en una misión de «importancia única y maravillosa».

Medida por las visiones grandiosas de la conciencia militar-mesiánica, la contracultura parece ser una afirmación relativamente inofensiva de la futilidad de la lucha política, sea de derechas, de izquierdas o de centro. Pero la complacencia sólo es una respuesta apta para la Conciencia III a corto plazo y en ausencia de una disciplina bien formada capaz de explicar los procesos causales de la historia.

La pretendida «subversión de la concepción científica del mundo» no es peligrosa porque amenace realmente alguna parte de la infraestructura tecnológica de nuestra civilización. Los entusiastas de la contracultura dependen tanto del transporte de alto consumo energético, de la electrónica transistorizada y de la producción masiva de tejidos y alimentos como el resto de nosotros, pero les faltan la voluntad y el conocimiento necesarios para una reversión a formas de producción y comunicación más primitivas. De todas formas, nada hay que temer de una secta, clase o nación que no participe en el progreso de la tecnología nuclear, cibernética y biofísica. Tales grupos sufrirán inevitablemente el destino de los otros pueblos de la Edad de Piedra del siglo XX. Tal vez sobrevivan, pero sólo precariamente y bajo la tolerancia de vecinos enormemente más poderosos, en reservas o en comunas protegidas por su valor como atracciones turísticas. La regresión a etapas tecnológicas más primitivas o incluso el mantenimiento del nivel alcanzado en la actualidad por las potencias industrializadas sólo puede aparecer como la

proposición más ridícula y descabellada para la mayor parte
de la humanidad que cada día está más decidida a mejorar
su estilo de vida rompiendo el monopolio euro-americano y
japonés sobre la ciencia y la tecnología. Un millón de Reichs
y Roszaks entonando cánticos afectan al progreso y propagación de la ciencia y la tecnología tanto como el chirrido de
un solo grillo vagabundo al funcionamiento de un alto horno automatizado. La amenaza de la contracultura está en
otra parte.

Creemos que los gurús de la Conciencia III no pueden detener o aminorar el progreso de la tecnología; pero pueden
aumentar el nivel de la confusión popular en lo que atañe a
los modos en que se ha de desarrollar esta tecnología para
reducir, en lugar de intensificar, las injusticias y la explotación, a los modos en que se ha de desarrollar para que sirva a
fines humanos y constructivos en vez de sembrar terror y
destrucción. La intensificación de la confusión, la involu-
ción psíquica y la amoralidad sintetizadas en el retorno de
las brujas acarrean para cualquier persona consciente de la
historia de nuestra civilización la amenaza inminente del retorno del mesías. El desprecio de la razón, la evidencia y la
objetividad –la superconsciencia y la embriagadora libertad
de creencia– no cesan de privar a una generación entera de
los medios intelectuales para resistir a la próxima petición
de una «lucha final y decisiva» para alcanzar la redención y
la salvación a escala cósmica.

Los estados mentales alucinatorios no pueden alterar la
base material de la explotación y la alienación. La Conciencia III no cambiará nada que sea fundamental o causativo en
la estructura del capitalismo o imperialismo. Por tanto, lo
que nos espera no es la utopía de la libertad individual absoluta, sino alguna nueva pero más maligna forma de mesianismo militar, provocada por las payasadas de una clase media que intentó domesticar a sus generales con mensajes
telepáticos y creyó poder humanizar a la mayor concentra-

ción de riqueza corporativa que jamás ha visto el mundo caminando descalza y comiendo mantequilla de cacahuete sin homogeneizar.

Como he dicho al principio de este libro, la mentira más perniciosa perpetrada en nombre de la libertad de creencia es la afirmación de que estamos amenazados por una sobredosis de «objetividad» sobre las causas de nuestros propios estilos de vida. El estilo de vida de grupos como los yanomamo y los maring deja en claro que es pura tontería suponer que la objetividad científica constituye el pecado original de la humanidad. La sola historia de Europa evidencia que la mutilación, el destripamiento, el descuartizamiento, el suplicio, el ahorcamiento, la crucifixión y la quema de gente inocente han precedido durante mucho tiempo al surgimiento de la ciencia y tecnología modernas.

Algunas de las formas específicas de injusticia y alienación características de la sociedad industrial son, claro está, producto de los instrumentos y técnicas específicos introducidos por los progresos en las ciencias naturales y de la conducta. Pero una sobredosis de objetividad científica en lo que concierne a las causas de los fenómenos de los estilos de vida no es responsable de ninguna de las patologías de la vida contemporánea. La objetividad científica sobre las causas fundamentales del racismo no es lo que lleva a disturbios étnicos, vuelca los autobuses escolares y bloquea la construcción de apartamentos para familias pobres. La objetividad científica no es la causa del machismo o del «chauvinismo» femenino u homosexual. No es una sobredosis de objetividad científica sobre los estilos de vida la que originó las prioridades escoradas en favor de alunizajes y misiles en vez de hospitales y viviendas. Ni es una sobredosis de objetividad científica sobre los estilos de vida la que ha creado la crisis de la población. ¿Y qué tiene que ver la objetividad científica con el deseo infinito de consumismo, el consumo y despilfarro conspicuos, la obsolescencia de la mercancía, la sed de estatus, el erial de la televisión y todas las demás misteriosas fuerzas con-duc-toras de nuestra competitiva economía capitalista? ¿Fue una falta de libertad de creencia la que condujo al saqueo de minerales, bosques y suelos, a las cloacas a cielo abierto y al alquitrán en las playas? ¿Qué había de racional, razonable, «objetivo» o «científico» en todo esto? ¿Cómo puede explicar una sobredosis de objetividad sobre los estilos de vida una guerra para la que tres presidentes de los Estados Unidos no pudieron ofrecer una razón racional pero que tampoco pudieron detener?

También se podría creer que la objetividad era el estilo de vida dominante en la Alemania de 1932, que el bestial culto ario de la humanidad rubia, la anatematización de semitas, gitanos y eslavos, el culto a la madre patria y el canto wagneriano, el desfile al paso de oca y el *Sieg-Heil* ante el *Führer*, todos provenían del atrofiamiento de los sentimientos y «capacidades intelectivas» del pueblo alemán. Lo mismo podemos decir del estalinismo, con su culto al «Tío José», sus genuflexiones ante el cadáver de Lenin, sus intrigas en el Kremlin, sus campos siberianos de esclavos y su dogmatismo de la línea del partido.

Naturalmente, tenemos nuestros especialistas en juegos de suma cero del Dr. Strangelove, nuestros superobjetivadores en potencia que objetivan la vida humana contando cadáveres y automatizando la muerte. Pero el error moral de estos tecnólogos y sus manipuladores políticos es un déficit de objetividad científica sobre las causas de las diferencias en los estilos de vida, no un excedente. El derrumbamiento moral de Vietnam no fue provocado por una sobredosis de conciencia objetiva sobre lo que hacíamos. Consistió en el fracaso en extender la conciencia más allá de las tareas puramente instrumentales al significado práctico y trivial de nuestros programas políticos y fines nacionales. Mantuvimos la guerra en Vietnam porque nuestra conciencia estaba mistificada por símbolos de patriotismo, sueños de gloria, un orgullo inquebrantable y visiones de imperio. Nuestro estado de ánimo era exactamente lo que la contracultura deseaba que fuéramos. Nos creíamos amenazados por diablos con ojos rasgados y pequeños hombres amarillos despreciables; estábamos cautivados por visiones de nuestra propia majestad inefable. En síntesis, estábamos drogados.

No veo razón alguna por la que la nueva tolerancia de modos de conciencia involutivos, etnocéntricos, irracionales y subjetivos vaya a originar algo netamente diferente de lo que siempre hemos tenido: brujas y mesías. No necesitamos más vibraciones mágicas, mayores cultos psicotrópicos y «rollos» más extravagantes. No afirmo que una mejor comprensión de las causas de los fenómenos de los estilos de vida vaya a producir esplendores milenarios. Sin embargo, hay una base bien fundada para suponer que si luchamos por desmistificar nuestra conciencia ordinaria, mejoraremos las perspectivas de paz y justicia económica y política. Por pequeño que sea este cambio potencial de las probabilidades a nuestro favor, creo que debemos considerar la expansión de la objetividad científica en el dominio de los enigmas de los estilos de vida como un imperativo moral. Es, por lo demás, la única cosa que jamás se ha intentado.

Bibliografía

La madre vaca

Marvin HARRIS, *et al.,* «The Cultural Ecology of India's Sacred Cattle». *Current Anthropology* 7 (1966), pp. 51-60.

Fundación Ford, *Report on India's Food Problem and Steps to Meet It.* Nueva Delhi: Gobierno de la India, Ministerio de Alimentación y Agricultura (1955).

Mohandas K. GANDHI, *How to Serve the Cow: Ahmedabad.* Navajivan Publishing House (1954).

Alan HESTON, *et al.* «An Approach to the Sacred Cow of India». *Current Anthropology* 12 (1971), pp. 191-209.

K. N. RAJ, «Investment in Livestock in Agrarian Economies: An Analysis of Some Issues Concerning 'Sacred Cows' and 'Surplus Cattle'». *Indian Economic Review* 4 (1969), pp. 1-33.

V. M. DANDEKAR, «Cow Dung Models». *Economic and Political Weekly* (Bombay). Agosto 2, 1969, pp. 1267-1271.

C. H. HANUMANTHA RAO, «India's 'Surplus' Cattle». *Economic and Political Weekly* 5 (octubre 1970), pp. 1649-1651.

K. N. RAJ, «India's Sacred Cattle: Theories and Empirical Findings». *Economic and Political Weekly* 6 (marzo 27, 1971), páginas 717-722.

Stewart ODEND'HAL, «Gross Energetic Efficiency of Indian Cattle in Their Environment». *Journal of Human Ecology* 1 (1972), pp. 1-27.

Porcofilia y porcofobia

The Jewish Encyclopedia (1962).

James FRAZER, *The Golden Bough.* Nueva York: Criterion Books (1959) [hay traducción castellana: *La rama dorada*, México, F.C.E.].

Mary DOUGLAS, *Purity and Danger: An Analysis of Concepts of Pollution and Taboo.* Nueva York: Praeger (1966) [hay traducción castellana: *Pureza y peligro. Un análisis de los conceptos de contaminación y tabú*, Madrid, Siglo XXI].

Frederick ZEUNER, *A History of Domesticated Animals.* Nueva York: Harper and Row (1963).

E. S. HIGGS y M. R. JARMAN, «The Origin of Agriculture», en Morton Fried, ed., *Explorations in Anthropology.* Nueva York: Thomas Y. Crowell (1973), pp. 188-200.

R. PROTSCH y R. BERGER, «The Earliest Radiocarbon Dates for Domesticated Animals». *Science* 179 (1973), pp. 235-239.

Charles WAYLAND TOWNE, *Pigs, from Cave to Corn Belt.* Norman: University of Oklahoma Press (1950).

Lawrence E. MOUNT, *The Climatic Physiology of the Pig.* Londres: Edward Arnold (1968).

P. J. UCKO y G. W. DIMBLEY, eds., *The Domestication and Exploitation of Plants and Animals.* Chicago: Aldine (1969).

Louise SWEET, «Camel Pastoralism in North Arabia and the Minimal Camping Unit», en Andrew Vayda, ed., *Environment and Cultural Behavior.* Garden City, N. J.: Natural History Press (1969), pp. 157-180.

Roy A. RAPPAPORT, *Pigs for the Ancestors: Ritual in the Ecology of a New Guinea People.* New Haven: Yale University Press (1967).

Andrew P. VAYDA, «Pig Complex», en *Encyclopedia of Papua and New Guinea.*

Cherry LOMAN VAYDA, comunicación personal. Algunas de las ideas desarrolladas en este capítulo se publicaron en mi columna de *Natural History* en octubre de 1972 y febrero de 1973.

La guerra primitiva

Morton FRIED, «On Human Aggression», en Charlotte M. Otten, ed., *Aggression and Evolution.* Lexington, Mass.: Xerox College Publishing (1973), pp. 355-362.

Andrew P. VAYDA, «Phases of the Process of War and Peace Among the Marings of New Guinea». *Oceania* 42 (1971), pp. 1-24, «Hypotheses About Function of War», en M. Fried, M. Harris, y R. Murphy, eds., *War: The Anthropology of Armed Conflict and Aggression.* Nueva York: Doubleday (1968), pp. 85-91.

Frank B. LIVINSGTONE, «The Effects of Warfare on the Biology of the Human Species», en Fried, Harris, y Murphy, eds., *op. cit.*, pp. 3-15.

Napoleon CHAGNON, *Yanomamo: The Fierce People.* Nueva York: Holt Rinehart and Winston (1968), «Yanomamo Social Organization and Warfare», en Fried, Harris, y Murphy, eds., *op. cit.*, pp. 109-159.

E. RICHARD SORENSON, *et al.,* «Socio-Ecological Change Among the Fore of New Guinea». *Current Anthropology* 13 (1972), pp. 349-384.

H. C. BROOKFIELD y Paula BROWN, *Struggle for Land.* Melbourne: Oxford University Press (1963).

William T. DIVALE, «Systemic Population Control in the Middle and Upper Paleolithic: Inferences Based on Contemporary Hunters and Gatherers». *World Archaeology* 4 (1972), pp. 222-243, y comunicaciones personales.

William LANGER, «Checks on Population Growth: 1750-1850». *Scientific American* 226 (febrero 1972), pp. 94-99.

Brian SPOONER, ed., *Population Growth. Anthropological Implications.* Cambridge: MIT Press (1972), especialmente pp. 370 y siguientes.

Algunas de las ideas contenidas en este capítulo se publicaron en mi columna de la revista *Natural History* en marzo de 1972.

El macho salvaje

David SCHNEIDER y Kathleen GOUGH, *Matrilineal Kinship.* Berkeley. University of California Press (1961)

Eleanor BURKE LEACOCK, Introducción a Frederick Engels, *The Origin of the Family, Private Property and the State.* Nueva York: International Publishers (1972), pp. 7-67.

Marvin HARRIS, *Culture, Man and Nature: An Introduction to General Anthropology.* Nueva York: Thomas Y. Crowell (1971).

Ian HOGBIN, *The Island of Menstruating Men.* San Francisco: Chandler (1970).

Napoleon A. CHAGNON, *Yanomamo: The Fierce People.* Nueva York: Holt, Rinehart and Winston (1968).

Johannes WILBERT, *Survivors of Eldorado.* Nueva York: Praeger (1972).

Ettore BIOCCA, *Yanoama: The Narrative of a White Girl Kidnapped by Amazonian Indians.* Nueva York: Dutton (1970).

Judith SHAPIRO, *Sex Roles and Social Structure Among the Yanomamo Indians in North Brazil.* Columbia University. Tesis Doctoral (1971).

Betty J. MEGGERS, *Amazonia: Man and Culture in a Counterfeit Paradise.* Chicago: Aldine (1971) [hay traducción castellana: *Amazonia, hombre y cultura en un paraíso ilusorio,* México, Siglo XXI].

Jane ROSS y Eric ROSS, manuscritos inéditos y comunicaciones personales. Algunas de las ideas contenidas en este capítulo fueron publicadas en mi columna de *Natural History* en mayo de 1972.

El *Potlatch*

Thorstein VEBLEN, *The Theory of the Leisure Class.* Nueva York: Modern Library (1934) [hay traducción castellana: *Teoría de la clase ociosa,* México, F.C.E.].

Franz BOAS, «The Social Organization of the Kwakiutl». *American Anthropologist* 22 (1920), pp. 111-126.

Ruth BENEDICT, *Patterns of Culture.* Nueva York: Mentor (1946). [Hay traducción castellana: *El hombre y la cultura,* Buenos Aires, Sudamericana, 1967.]

Douglas OLIVER, *A Solomon Islands Society.* Cambridge: Harvard University Press (1955).

Ian HOGBIN, *A Guadalcanal Society: The Koaka Speakers.* Nueva York: Holt Rinehart, and Winston (1964), «Social Advancement in Guadalcanal», *Oceania* 8 (1938).

Marshall SAHLINS, «On the Sociology of Primitive Exchange», in Michael Banton, ed., *The Relevance of Models for Social Anthropology.* Londres: Association of Social Anthropology Monographs 1 (1965), pp. 139-236 [hay traducción castellana: «Sobre la sociología del intercambio primitivo», incluida en Marshall SAHLINS: *La economía de la Edad de Piedra,* Madrid, Akal].

Andrew P. Vayda, «A Re-Examination of Northwest Coast Econó-
mic Systems». *Transactions of the New York Academy of Sciences,*
Serie II, 23 (1961), pp. 618-624.

Etuart Piddocke, «The Potlatch System of the Southern Kwakiutl:
A New Perspective», en Andrew P. Vayda, ed., *Environment and
Cultural Behavior.* Garden City, N. J.: Natural History Press
(1969), pp. 130-156.

Ronald P. Rohner y Evelyn C. Rohner, *The Kwakiutl: Indians of Bri-
tish Columbia.* Nueva York: Holt, Rinehart and Winston (1970).

Helen Codere, *Fighting with Property A Study of Kwakiutl Potlatches and Warfare.* Monografía de la American Ethnological Society, 18 (1950).

Robert K. Dentan, *The Semai: A Non-violent People of Malaya.*
Nueva York: Holt, Rinehart and Winston (1968).

Richard Lee, «Eating Christmas in the Kalahari». *Natural History,*
diciembre 1960, pp. 14 y siguientes.

Marshall Sahlins, *Tribesmen.* Englevood Cliffs, N. J.: Prentice-Hall
(1968) [hay traducción castellana: *Las sociedades tribales,* Madrid, Labor].

David Damas, «Central Eskimo Systems of Food Sharing». *Ethno-
logy* II (1972), pp. 220-239.

Richard Lee, «Kung Bushman Subsistence: An Input-Output
Analysis», en Andrew P. Vayda, ed., *op. cit.* (1969), pp. 47-79.

Morton Fried, *The Evolution of Political Society.* Nueva York: Random House (1967).

El *cargo* fantasma

Ronald Berndt, «Reaction to Contact in the Eastern Highlands of
New Guinea». *Oceania* 23 (1952), pp. 190-228, 255-274.

Peter Worsley, *The Trumpet Shall Sound: A Study of «Cargo» Cults
in Melanesia.* Nueva York: Schocken Books (1968) [hay traducción castellana: *La trompeta sonará. Un estudio de los cultos «cargo» en Melanesia,* Siglo XXI].

Pacific Islands Monthly, julio 1970 - abril 1972.

Jean Guiart, «John Frurn Movement in Tana». *Oceania* 22 (1951),
pp. 165-175.

«On a Pacific Island, They Wait for the G. I. Who Became a God».
The New York Times, abril 12, 1970.

Palle CHRISTIANSEN, *The Melanesian Cargo Cult: Millenarianism as a Factor in Cultural Change.* Copenhagen: Akademish Forlag (1969).

Peter LAWRENCE, *Road Belong Cargo.* Manchester: Manchester University Press (1964).

Glyn COCHRANE, *Big Men and Cargo Cults.* Oxford: Clarendon Press (1970).

Vittorio LANTERNARI, *The Religions of the Oppressed.* Nueva York: Knopf (1963).

E. J. HOBSBAWN, *Primitive Rebels.* Nueva York: W. W. Norton (1965). [Hay trad. castellana: *Rebeldes primitivos.* Barcelona, Ariel.]

Ronald M. BERNDT y Peter LAWRENCE, eds., *Politics in New Guinea.* Nedlands: University of Western Australia Press (1971).

Sylvia THRUPP, ed., *Millennial Dreams in Action.* La Haya. Mouton and Co. (1962).

Mesías

Wilson D. WALLACE, *Messiahs: Their Role in Civilization.* Washington, D. C.: American Council on Public Affairs (1943).

— *The Holy Bible: Scofield Reference Bible.* Nueva York. Oxford University Press (1945).

Salo W. BARON, *A Social and Religious History of the Jews,* segunda edición, revisada y aumentada. 14 vols. Nueva York: Columbia University Press.

The Jewish Encyclopedia.

Flavius JOSEPHUS, *The Jewish War,* traducción de G. A. Williamson. Baltimore: Penguin Books (1970); *Jewish Antiquities,* traducción de H. St. John Thackeray. 6 vols. Londres: Heinemann (1926).

Morton SMITH, «Zealots and Sicarii: Their Origins and Relations». *Harvard Theological Review* 64 (1971), pp. 1-19.

William R. FARMER, *Maccabees, Zealots and Josephus.* Nueva York: Columbia University Press (1956).

Robert GRANT, *A Historical Introduction to the New Testament.* Nueva York: Harper and Row (1963).

Erich FROMM, *The Dogma of Christ: And Other Essays.* Garden City, N. J. Anchor Paperback (1966).

Mikhail ROSTOVTSEV, *The Social and Economic History of the Roman Empire*. 2 vols. Oxford: Clarendon Press (1957).

Michael E. STONE, «Judaism at the Time of Christ». *Scientific American*, January 1973, pp. 80-87.

El secreto del Príncipe de la Paz

Robert M. GRANT, *A Historical Introduction to the New Testament*. Nueva York: Harper and Row (1963); *Religion in Ancient History*. Nueva York: Scribner (1969).

Rudolf BULTMAN, *Primitive Christianity in Its Contemporary Setting*. Nueva York: World Publishing Co. (1966).

Albert SCHVEITZER, *The Quest of the Historical Jesus*. Nueva York: Macmillan (1964).

John M. ALLEGRO, *The Treasure of the Copper Scroll*. Nueva York: Doubleday (1964).

El Canto de Victoria es de George R. Edwards, *Jesus and the Politics of Violence*. Nueva York: Harper and Row (1972).

Oscar CULLMANN, *State in the New Testament*. Nueva York: Harper and Row (1956); *Jesus and the Revolutionaries*. Nueva York: Harper and Row (1970).

S. G. F. BRANDON, *Jesus and the Zealots: A Study of the Political Factor in Primitive Christianity*. Nueva York: Scribner (1968); *The Trial of Jesus of Nazareth*. Londres: B. T. Batsford (1968).

Samuel SANDMEL, *The First Christian Century in Judaism and Christianity*. Nueva York: Oxford University Press (1969).

Rohert GRANT, *Augustus to Constantine: Thee Thrust of the Christian Movement into the Roman World*. Nueva York: Harper and Row (1970).

Escobas y aquelarres

H. R. TREVOR-ROPER, *The European Witch Craze of the Sixteenth and Seventeenth Centuries and Other Essays*. Nueva York: Harper and Row (1969).

Henry C. LEA, *Materials Toward a History of Witchcraft*, 3 vols. Filadelfia: University of Pennsylvania Press (1939).

H. J. WARNER, *The Albigensian Heresy*. Nueva York: Russell and Russell (1967).

Jeffrey B. RUSSELL, *Witchcraft in the Middle Ages.* Ithaca: Cornell University Press (1972).

H. INSTITOR y J. SPRENGER, *Malleus Maleficarum,* traducción del Rev. Montagne Summers. Londres: Pushkin Press.

Michael HARNER, «The Role of Hallucinogenic Plants in European Witchcraft», en Michael HARNER, ed., *Hallucinogens and Shamanism.* Nueva York: Oxford University Press (1972), pp. 127-150; *The Jívaro: People of the Sacred Waterfalls.* Nueva York: Doubleday (1972).

Peter FURST, *Flesh of the Gods.* Nueva York: Praeger (1972).

Julio C. BAROJA, *The World of the Witches.* Chicago: University of Chicago Press (1964) [edición castellana original: *Las brujas y su mundo.* Madrid, Alianza Ed.].

La gran locura de las brujas

Norman COHN, *The Pursuit of the Millennium.* Nueva York: Harper Torchbooks (1961). [Hay traducción castellana: *En pos del milenio.* Barcelona, Barral.]

Gordon LEFF, *Heresy in the Later Middle Ages.* 2 vols. Nueva York: Barner & Noble (1967).

George H. WILLIAMS, *The Radical Reformation.* 2 vols. Filadelfia: The Westminster Press (1957).

John MOORMAN, *A. History of the Franciscan Order.* Oxford: Clarendon Press (1968).

Jeffrey B. RUSSELL, *Witchcraft in the Middle Ages.* Ithaca: Cornell University Press (1972).

H. C. Erik MIDELFORT, *Witch Hunting in Southwestern Germany.* Stanford: Stanford University Press (1972).

El retorno de las brujas

Philip K. BOCK, *Modern Cultural Anthropology,* segunda edición. Nueva York: Alfred Knopf (1974).

Theodore ROSZAK, *The Making of a Counter Culture: Reflections on the Technocratic Society and Its Youthful Opposition.* Garden City: Anchor (1969) [hay traducción castellana: *El nacimiento de una contracultura,* Barcelona, Kairós].

Charles A. REICH, *The Greening of America*. Nueva York: Harcourt Brace Jovanovich (1968).

Carlos CASTANEDA, *The Teachings of Don Juan*. Berkeley: University of California Press (1968); *A Separate Reality*. Simon and Schuster (1970); *Journey to Ixtlan*. Simon and Schuster (1972) [hay traducción castellana de las tres obras: *Las enseñanzas de don Juan; Una realidad aparte; Viaje a Ixtlán*, México, F.C.E.].

Paul REISMAN, «The Collaboration of Two Men and a Plant». *The New York Times*, octubre 22, 1972.

Michael HARNER, «The Role of Hallucinogenic Plants in European Witchcraft», en Michael Harner, ed., *op. cit.* (1972).

— «Don Juan and the Sorcerer's Apprentice», *Time magazine*, marzo 5, 1973, pp. 36-45.

Philip NOBILE, ed., *The Con III Controversy: The Critics Look at the Greening of America*. Nueva York: Pocket Books (1971).

Martin SCHIFF, «Neo-trascendentalism in the New Left Counter-Culture. A Vision of the Future Looking Back». *Comparative Studies in Society and History* 15 (1973), pp. 130-142.

Roberta ASH, *Social Movements in America*. Chicago: Markham (1972).